Th Gassmann, Fritz Reuter, J. Krüger

**Inspektor Brasig**

Lebensbild in fünf Akten

Th Gassmann, Fritz Reuter, J. Krüger

**Inspektor Brasig**
*Lebensbild in fünf Akten*

ISBN/EAN: 9783743330788

Hergestellt in Europa, USA, Kanada, Australien, Japan

Cover: Foto ©Thomas Meinert / pixelio.de

Manufactured and distributed by brebook publishing software (www.brebook.com)

Th Gassmann, Fritz Reuter, J. Krüger

**Inspektor Brasig**

# Inspektor Bräsig.

bild in fünf Akte

Fritz Reuters Roman
„mine Stromtid"

rei bearbeite

Februa

Der ... es Buches giebt
entlichen ... rung. Vielmehr be
und ihren Rechtsnachfolgern vor: d
ießlich zu ertheilen.

Hamburg, März 1870.

Th.

---

Altona, 1870.

Verlags=Bureau.
(A. Prinz)

## Personen.

Axel von Rambow, Gutsherr auf Rambow.
Frida, dessen Gattin.
Franz von Rambow, sein Vetter, Oeconom.
Pomuchelskopp, Gutsherr auf Gürlitz.
Hawermann, Inspektor auf Rambow.
Louise, seine Tochter.
Zacharias Bräsig, pensionirter Inspektor eines benachbarten Gutes.
Jochen Nüßler, Pachter.
Seine Frau.
Lining,
Mining, } Beider Töchter.
Gottlieb Baldrian,
Rudolph Kurz, } Candidaten der Theologie.
Fritz Tribbelfitz.
Mamsell Müller, Wirthschafterin.
Moses.
Krull, Schulmeister.
Peter, Nachtwächter.
Päsel, Tagelöhner.
Gust. Kegel, Schweinejunge.
Christiane, Nüßlers Magd.
Ein Bauer.
       Bauern. Bäuerinnen. Schulkinder.

(Die Handlung des Stücks umfaßt einen Zeitraum von etwa

# Erster Aufzug.

Wirthschaftshof. Links der Eingang zum Schloß. Hinten ein Gitter und eine aus ländlichen Geräthschaften zusammengestellte Ehrenpforte, welche den Eingang zum Hofe bildet. In der Mitte der Bühne, etwas nach links, ein Baum. Links vorn ein Brunnen. Rechts vorn eine Bank.

## Erste Scene.

Fritz. Mamsell Müller. Bauern und Bäuerinnen. (Alle sind beschäftigt, die Ehrenpforte mit Blumen und Guirlanden aufzuputzen.)

Fritz. So, nun noch die letzten Guirlanden fest; das habt Ihr gut gemacht, Leute.

M. Müller. De Ehrenport süht prächtig ut.

Fritz (stolz). Ja, auf so was versteh' ich mich.

M. Müller. Ach, Fritz, wäten Sei, woran ick jetzt denk'?

Fritz (sieht sie an.) Nein!

M. Müller (zärtlich). An den Dag, wo Sei mal ehr eegen Gaud hebben warn. Da treckt wi ok dorch so'n Ehrenport in.

Fritz (wie oben). Wir?

M. Müller. Nun ja, hebben Sei mi nich Liebe gesworen?

Fritz. Liebe? Ihnen? Höchstens den Schinkenstullen, die Sie mir aus der Speisekammer überantwortet haben. — Meine Lieb für Sie kam lediglich aus dem Magen. Heirathen, — ist nicht.

1*

M. Müller (heftig). Pfui, Sei unbantborer, wortbrüchiger Minsch. Mi ut be Ogen, ober ick vergriep mi an ehr dumm Gesicht.

Fritz (zurückweichend). Aber beste Müllern, nehmen Sie doch Vernunft an. Ich bin erst neunzehn, und Sie können bald singen: (singt:)
Schier dreißig Jahre bin ich alt,
Hab' manchen Sturm erlebt!

M. Müller. Dreißig? Ick! Töw, kumm Du mi webber in mien Spieskamer. Aber ick weit all, worüm Sei von mi affspringt. Sei Bengel hevt sick in be Louise Hawermann verkieckt, bat unriepe Dings, bat noch Confirmatschonskleider brigt. Na, laaten's man ben Ollen ba achter kamen, ba könnt Sei sick hier (deutet auf den Rücken) gratulieren. Davor sünd wi in bat Ritterschaftliche. Un ick will lachen barto, lachen bet mi be Pust utgeiht, so will ick lachen. Hahaha! (Läuft wüthend ins Schloß.)

## Zweite Scene.

Fritz. Bauern im Hintergrunde.

Fritz (ihr nachsehend). O Müllern! Deine Spickgans war besser als bein Herz. Fahre hin! Aber Du (schwärmerisch) Louise, Louise Hawermann! erringe ich Deine Liebe, so kann sich die Müllern was mahlen lassen (sieht in die Scene). Sapperment! Da kommt sie mit ihrem Vater, ben ich wie einen Sohn verehre, weil er mir das Urbild meiner Jünglingsträume geboren hat. Doch was seh' ich — Herr von Rambow auch babei? Er, mein Nebenbuhler, ben ich hasse, ben — Tücke umgarnt uns — der Feind beobachtet mich. — Feiger Spion, ich verlache Dich. Eine kühne That wird unsere Liebe in Aufschwung bringen. Die Holde soll mich in meinem neuen Frack sehen. Damit schlag' ich jeben Rivalen aus dem Felde. (Geht rasch ins Schloß ab. Die Bauern verlassen ben Hof durch die Ehren=pforte.)

## Dritte Scene.

Hawermann. Louise. Franz von Rambow (kommen im Gespräch begriffen von links).

Hawermann. Es freut mich herzlich, mein Kind, daß Du gerade heute gekommen bist, da kannst Du gleich die neue Herrschaft kennen lernen.

Louise. Frau von Rambow ist eine ablige Dame, wenn sie nur nicht zu stolz ist, mit mir —

Franz. Stolz, gegen die Tochter eines solchen, eines so guten Vaters, des besten Landwirths, dem ihr Gatte so viel verdankt?

Hawermann. Sie übertreiben, lieber Franz; ich habe als Oeconom nur meine Pflicht gethan, habe dem seligen Herrn Kammerrath, der mich, den von Haus und Hof Vertriebenen, vor zwölf Jahren hier aufnahm, in die sterbende Hand gelobt: auch für das Beste seines Sohnes zu sorgen. Was also ist's denn weiter? — Und was den guten Vater betrifft — (reicht Louise die Hand) so ist's nicht schwer, ein solcher zu sein, wenn man ein so wackeres Kind besitzt.

Franz (lebhaft). Ja, das ist Fräulein Louise. Alle Welt sagt's und sagt's mit Recht.

Louise (erröthend). Aber Herr von Rambow.

Hawermann. Laß ihn, Kind. Dein Lob hat er auch von mir gelernt. Er ist mein Schüler in der Landwirthschaft. Wenn wir nun Abends unsere Arbeit gethan haben, so geht's an's Plaudern und das Vaterherz läuft über.

Franz. Und wie gerne höre ich Ihnen zu. Ward ich doch selbst früh elternlos. Die Mutter habe ich schmerzlich vermißt. Den Vater nicht mehr, seit Sie mir Ihre Sorgfalt widmeten.

Hawermann. Die Freude ist nun auch bald vorüber. In wenig Tagen verlassen Sie das Gut, um Welt und Menschen kennen zu lernen.

Franz. Bessere als hier, kann ich nirgends finden, mein Lehrer — mein Freund — mein Vater! (fällt ihm um den Hals).

Hawermann. So bewegt? Was ist Ihnen?

Louise. Thränen in den Augen? O sagen Sie doch, was —

Franz. Nicht jetzt — nicht hier — mir ist das Herz so voll Aber noch vor meiner Abreise sollen Sie Alles — Alles wissen. (Louise einen Blick zuwerfend, rasch ins Schloß ab.)

## Vierte Scene.

### Hawermann. Louise.

Hawermann (sieht Franz kopfschüttelnd nach). Was hat er nur?

Louise. Der gute Franz kommt mir schon seit einiger Zeit so — so seltsam vor.

Hawermann. Wie das, mein Kind?

Louise. Besucht er uns auf dem Pfarrhofe, dann ist er freundlich und gesprächig, so lange meine Pflegeeltern dabei sind. Sitzt er mir aber einmal allein gegenüber, da wird er wortkarg, seufzt und läßt den Kopf hängen. — Was mag das nur bedeuten, lieber Vater?

Hawermann (bei Seite). Ich fürchtete, daß es so kommen würde. Je nun —

Louise. Du antwortest mir nicht, Väterchen?

Hawermann. Ich werde ihn fragen, er soll mir sein Herz ausschütten.

Louise (naiv). Da fällt gewiß nichts Schlimmes heraus.

Hawermann. O nein!

Louise. Die Redlichkeit guckt ihm ja aus den Augen. Darum sehe ich auch so gerne hinein. Wenn er sie nur nicht gar so oft niederschlagen wollte.

Hawermann (lächelnd). Habe ich nur erst mit ihm gesprochen, so wird er Dich wohl so frei ansehen, wie Du ihn. Jetzt aber geh' ins Schloß. Ich habe, ehe die Herrschaft eintrifft, noch Manches anzuordnen. Die Mädchen bekränzen drinnen alle Zimmer und Du kannst ihnen helfen.

Louise. Gern, Väterchen. Aber vergiß nicht, recht bald mit Franz zu sprechen — ich möchte doch gern, daß er die Augen wieder aufschlagen kann.

(Ins Schloß ab.)

Hawermann. So also stehts? Je nun, wenn Gott diese jungen Herzen für einander bestimmt hat, so werde ich der Letzte sein, sie auseinander zu reißen.

### Fünfte Scene.

Hawermann. Bräsig (im bekannten Kostüm.)
Bräsig (schon hinter der Scene). Korl! Korl!
Hawermann. Was seh' ich — Bräsig?
Bräsig (tritt auf und eilt in seine Arme). Korl — Herzensbruder, da stehst de mir, da hast de mir, so fix als en Vagel.
Hawermann. Das nenn ich zur rechten Zeit.
Bräsig. Wegen die Einholung — was? Kränze — weißgewaschene Jungfrauen — sogar 'ne Blaumenport. Alles vor dem Herrn von Rambow. Aber ich traue ihm nich, Korl. Soll in Berlin bei's Militär höllsche Schulden gemacht haben; un en Schuldenmacher giebt keinen guten Oeconomiker ab. Gut, daß er Dir zum Entspektor hat; wirst ihm schon die Stange halten.
Hawermannn. Vor allen Dingen, alter Junge, wie ist Dirs denn in der Wasserheilanstalt zu Güstrow ergangen?
Bräsig. Hör' mal Korl, naßkalt, waterig, kläterig. Sie machen den Menschen rein zu 'ne Pogg. Aber gut ist's doch.
Hawermann. Das glaub ich, Du siehst ja wie neu geboren aus. Aber ich bin neugierig wie das eigentlich gewesen ist.
Bräsig. Will ich Dich erzählen, Korl. Süh, Morgens da wickeln se Dir in tolle Laken ein — ganz natt — und premsen Dir so zusammen, daß Du nichts rögen kannst, als blos die Tehnen. Dann legen se Dir in eine Badewanne un klüngeln immer vor Dir auf, daß sie de Damens wegklüngeln wegen be Schanirlichkeit. Süh, dann setzen se Dir, wie Dich Gott erschaffen hat, in eine Badewanne un stülpen Dir drei Eimer Wasser über Deinen kahlen Kopp, wenn Du einen hast — und dann kannst Du ihretwegen gehn.
Hawermann (lachend). Und bormit is bat ut?
Bräsig. Daß Du die Nase ins Gesicht behältst, noch lange nicht. Nu mußt Du spazieren gehn un babei Wasser trinken, ümmer zu, ümmer zu! Korl, welche sünd darunter, das ist doch grab, als

wenn Du's Wasser in'n Säw gießt. Un benn stehn Sie da und stöhnen: Ach, das schöne Wasser! Glaub's ihnen nicht, Korl, se verstellen sich. Inwendig hat das Wasser 'ne grausame Wirkung, aber gut ist's doch. Nachmittags kannst Du Dir auch mit de Damens anständig unterhalten, denn Morgens steh'n sie Dir nicht Rede, indem sie das Bewußtsein haben, daß sie in einem wilden Zustande herumlaufen, mit fliegenden Haaren, un einen Fenusgürtel, der aber nicht augenscheinlich is. Nachher mußt Du wieder spazieren gehen, auf'n Flag wo Du gar nichts zu thun hast, denn der Podagra kommt vom Gichtstoff, und der Gichtstoff aus dem Giftstoff, den Du als menschliche Nahrung, z. B. Kümmel, zu Dich nimmst. Die frische Luft aber theilt sich wieder in drei Theile, den sauren Stoff, die swarze Kohlensäure und den Stinkstoff. Auf Wasser und Luft is nu die ganze Wasserkunst gebaut. Un denn, Korl, Alles was slecht smeckt, was en Menschen eklig ist, un wovor er einen Grugel hat, das is gesund vor dem menschlichen Leibe. Na, wenn das Wasser auch dem verflüchten Podagra nicht ganz vertreibt, so kriegt man doch einen Begriff davon, was die menschliche Kretur Alles aushalten kann.

Hawermann. Und Du vor Allem Zacharias, denn bis auf das Podagra hast Du immer eine baumstarke Gesundheit gehabt.

Bräsig. Meinst Du, Korl? Na, denn is gut. Is auch nothwendig, daß mir der Deubel noch nich so bald beim Kragen kriegt. Wenn mein Graf mir auch pensionirt hat, so daß ich Nichts mehr vor mir selbst zu thun brauche, so hab' ich doch viel zu thun vor andere Leute. Wer muß denn aushelfen, wenn guter Rath theuer is? Immer Bräsig, der olle Bräsig, denn ich bin en verdammt klugen Kerl, das muß mich der Neid lassen. So zum Exempel, bei Jochen Nüßler drüben, wo dem seine Frau früher mal eine von meinen drei Brautens gewesen is. Habe immer gedacht er rappelt sich noch. Aber rappelt er sich woll? Wenn ich da nicht oft hinkäm, da säh es bös aus mit die ganze Wirthschaft. Aber nu, Korl, frag' ich Dich, wie steht's denn hier? Wie geht's denn mit Deinem Herrn Junker? —

Hawermann. Franz von Rambow? O, der läßt sich gut an.

Bräsig. Und der andere, der Windhund?

Hawermann. Tribbelfitz? Na, der hat viel Raupen im Kopf, aber bösartig ist er nicht.

Bräsig. Kann ihn einer zum Menschen machen, bist Du's Korl (sieht sich um). Der Baron mit seine junge Frau kommt woll bald?

Hawermann. Ich habe einen Tagelöhner zu Pferde eine halbe Stunde von hier auf eine Anhöhe gestellt. Wenn er die Herrschaft kommen sieht, dann geht's im Galopp hierher.

Bräsig. Und wer hat denn das närrsche Dings da bauen lassen? (deutet auf die Ehrenpforte.)

Hawermann (lachend). Wer anders als Tribbelfitz?

Bräsig. Süh, ganz uüblich. Aber der Windhund hat doch die Hauptsache vergessen.

Hawermann. Was denn?

Bräsig. Na, die Fahn?

Hawermann (zuckt die Achseln). Es ist keine da.

Bräsig. Aber, Korl, besinne Dir. Der Herr Lieutenaut ist ja bei's Militär gewesen. Er muß ja doch eine Fahn haben. (Sieht nach dem Schlosse, wo Fritz aus der Thüre tritt.) Da kommt der Windhund, der muß mich helfen.

## Sechste Scene.

Die Vorigen. Fritz (geputzt).

Fritz. Guten Tag, Herr Inspektor.

Bräsig. Schön Dank, Windhund. Gut daß Sie kommen. Gehn Sie mal wieder rein zu die Müllern. Sie soll mir ein großes Leutebettlaken raussuchen.

Fritz (erstaunt). Wozu denn, Herr Inspektor?

Bräsig. Sollen Sie schon gewahr werden; un denn brauch' ich auch einen Pott mit swarze Farbe, un 'en feinen Pinsel, un en langen Bohnenstacken (sieht in die Scene links) da is ja — (schreit) Krischan, Krischan Päsel! mal heran! spute Dir, olle Snecke!

## Siebente Scene.

### Die Vorigen. Päsel.

Päsel (sehr langsam). Se hebt mi roopen, Herr Entspekter?
Bräsig. Ja, oller Burs. Ich brauche einen Bohnenstaken.
Päsel. Will be Herr Entspekter villicht Jemand hauen?
Bräsig. Dir Schaafskopp, wenn Du nicht gleich gehst.
Päsel. Hä, hä, hä! Der Herr Entspekter sind doch noch ümmer so spaßig als fröher (geht in die Koulisse).
Fritz (bei Seite). Was der alte Narr nur vorhat?
Hawermann. Aber Zacharias, dat wär' ja doch Allens gar nicht nödig.
Bräsig. Verstehst Du nich, Korl, der Herr Leutnant wird sich freuen, wenn er die Fahn' sieht.
Päsel (kommt mit einer langen Stange zurück). Da ist de Staken, Herr Entspekter (geht wieder ab).
Bräsig (nimmt die Stange). Gieb her (reicht sie Fritz). Da, Windhund, laufen Sie! Die Müllern soll das Bettlaken daran nähen, un Sie setzen mich den Pott mit die Farb zurecht. Wenn Sie den Pinsel vergessen, dann stipp ich Sie hinein, un mal damit. (schiebt ihn nach hinten).
Fritz (ärgerlich, bei Seite). Daß er sich doch in Alles zu mischen hat (geht mit der Stange in's Schloß ab).

## Achte Scene.

### Die Vorigen, ohne Fritz.

Hawermann. Aber Bräsig, was machst Du für Geschichten?
Bräsig. Laß mir man, Korl. Die Fahn wird den Herrn Leutnant mehr Spaß machen, als die ganze Ehrenport. Doch nu fehlt noch was (sieht in die Scene). Ah, da kommen ja alle unsre Hofleute. Da wird woll Einer dabei sein, der klebbern kann.

## Neunte Scene.

Die Vorigen. Bauern und Bäuerinnen (Mecklenburger Kostüm). Mehrere Frauen tragen Kinder auf den Armen. Sie gruppiren sich im Hintergrunde. Gust. Kegel. Peter.

Bräsig. Süh, da is ja Gust Kegel. Komm mal her, Junge.
Gust. Kegel (ein Junge von circa 14 Jahren). Wat sall ick, Herr Entspekter?
Bräsig. Kannst Du gaud stiegen, Junge?
Gust. Kegel. Wie en Katt, Herr Entspekter!
Bräsig. Dann, mein lieber Sweinemarkür — ha, ha, ha, Sweinemarkür is gut, nicht war?
Die Bauern (lachend). Ha, ha, ha! Gust Kegel, Sweinemarkür.
Bräsig. Dann klebdere da mal auf den Baum rauf. (zeigt auf den Baum).
Gust. Kegel. Dat is vor mi en Kleinigkeit! (klettert auf den Baum.) Da sitt ick all, Herr Entspekter.
Bräsig. Nu warte man en Bischen. Nu sollst Du bald Fahnenjunker werden.
Bauern (lachend). Ha, ha, ha! Gust Kegel, Fahnenjunker!
Bräsig. Jetzt noch die Musik. (zieht Peter in den Vordergrund). He, Peter, alter Knabe, komm mal her.
Peter. Sie befehlen, Herr Entspekter?
Bräsig. Sag, kannst Du woll irgend ein Lied blasen?
Peter (nickt). Ja woll, Herr Entspekter.
Bräsig. So geh, guter Nachtwächter, (leise) und hol Dein Instrument. — Und wie die Herrschaft unter die Ehrenport is — denn — Du verstehst mir. —
Peter (nickt). Se wäten dat ick gaud musekalsch bünn, Herr Entspekter (geht zur Seite ab).
Bräsig. So, un nu will ich Dir weisen, Korl, daß ich mir auch auf der Malerkunst verstehe. Du sollst bald Dein blaßblaues Wunder sehen. Ja, ein kluger Kopp ist doch die schönste Gabe, die Gott auf einem menschlichem Rumpfe setzen kann. (geht ins Schloß ab)

### Zehnte Scene.

Bauern im Hintergrunde. Hawermann.

Hawermann. Der gute Bräsig! immer der Alte. Einen bessern Menschen und einen treuern Freund giebt es auf der Welt nicht mehr.

### Eilfte Scene.

Die Vorigen. Pomuchelskopp (durch die Mitte).

Pomuchelskopp (heuchlerisch, höflich). Sieh da, schon Alles festlich hergerichtet. Halte es für Pflicht als nächster Gutsnachbar, den Herrn Baron auch meinerseits zu begrüßen. Meinen Sie nicht auch, Herr Inspektor?

Hawermann. Jeder möt weten wat he to dohn un to laaten hett.

Pomuchelskopp. Sehr kurz angebunden. Können Sie denn Ihren alten Groll gegen mich gar nicht besiegen, Herr Hawermann?

Hawermann (kurz). Nein!

Pomuchelskopp. Habe Ihnen doch so oft schon die Hand zur Versöhnung geboten. Und es ist ja Christenpflicht, daß — —

Hawermann (blickt ihn scharf an). Sienen Feinden to vergeben, wenn se de Vergebung werth sünd. Se sünd dat nich, un so hebt wi ken Word mehr mit einander to wesseln. (dreht ihm den Rücken).

Pomuchelskopp (bei Seite). Alter Grobian!

### Zwölfte Scene.

Die Vorigen. Moses (durch die Mitte).

Hawermann (sieht ihn). Ach Moses, alter Freund, wie kommen Sie hierher?

Moses. Erst zu Wagen von Güstrow und dann durchs Dorf auf meine zwei Beinche. Hab ich doch gekennt den seligen Herrn Kammerrath sehr gut und gemacht mit ihm manch anständiges Geschäft. War ein braver Mann, Herr Hawermann.

Hawermann. Das weiß Gott!

Moses. Hatt immer bezahlt pünktlich, wenn ich hab ihm vorgeschossen Geld. Will hoffen, der Herr Sohn is en Appel, der nicht zu weit is gefallen vom väterlichen Stamm.

Hawermann. Das hoff ich auch. Also Sie wollen den Herrn Baron begrüßen?

Moses. Aus Anhänglichkeit an seinen todten Herrn Vater. Auch will ich mer ihm empfehlen. Es kann doch kommen 'ne Zeit, wo er mal braucht eine kleine Hypothek auf sein Gut. Sie wissen, Herr Hawermann, daß ich nicht nehm mehr Zinsen als was ich verantworten kann vor mein Gewissen.

Hawermann (drückt ihm die Hand). Sie sind ein braver Mann, Moses, das weiß ich, und könnten manchem christlichen Wucherer (mit einem Blick auf Pomuchelskopp) zum guten Beispiel dienen.

Moses (der den Blick verstanden). Ach, so — Se meinen — (wendet sich zu Pomuchelskopp.) Soll ich leben, Herr Pomüffelskopp, sein Se auch hier? Wollen wohl anbieten Ihre Freundschaft dem jungen Herrn Baron von Rambow? Na, er kann sich gratuliren, zu haben son ehrlichen braven Nachbarn, der, wenn einer kommt ins Schlamassell ihm hilft aus reiner purer Menschenlieb, und verlangt gar keine Prozente.

Pomuchelskopp. Von dem, was ich thue, hab ich Niemand Rechenschaft abzulegen, am Wenigsten einem Juden. (Bei Seite) Jetzt heißts Sorge tragen, daß der Baron dem alten Halunken nicht in die Hände fällt.

## Dreizehnte Scene.

Die Vorigen. Jochen Nüßler. Frau Nüßler (durch die Mitte).

Frau Nüßler. Gauden Dag, Havermann, wi kamt doch noch nich tau spät, de Herrschaft is doch noch nich da?

Hawermann. Nein, aber sie kann jeden Augenblick hier sein.

Frau Nüßler. Ick wor all fröher kamen, aber be Jochen mußt erst sien Piep utsmeuken.

Jochen. Versteiht sick. Un dann, wat soll ick dorbi dauhn?

Frau Nüßler. Tauseihen sollst Du, un de nige Herrschaft goden Dag seggen. Wi sind ja Naberslüd. De Herr Baron soll en seuten jungen Mann sien und sien Fru en wohren Engel.

Jochen. Ja, dat is denn so as dat Ledder is. Ick bün möd und sett mi en Beten dahl (setzt sich rechts auf die Bank). Wat soll ick dorbi dauhn?

## Vierzehnte Scene.

Die Vorigen. Bräsig (der die Bohnenstange trägt, an welche das Betttuch genäht ist. Auf dem Tuch steht mit schwarzer Farbe gemalt „Fisat, Fisat, Fisat!") Fritz. Mamsell Müller.

Bräsig (lustig). Da komm ich mit die Herrlichkeit. Gu'n Tag, Frau Nüßler, Gu'n Dag, Jochen!

Frau Nüßler. Jochen (zusammen). Gun Dag, Bräsig.

Bräsig. Sieh da, Moses auch hier? Die Versammlung kriegt ja immer mehr Umfänglichkeit (sieht Pomuchelskopp). Un auch der liebe Herr Pomuchelskopp — getreue Nachbarn un dergleichen. Warum haben Sie denn Ihre schöne Frau un de beiden nüdlichen Döchtings nicht mitgebracht? Da hätten wir hier de Ehrenpoort mit aufposamentiren können.

Pomuchelskopp (ärgerlich). Sie sind ein —

Bräsig (rasch einfallend). Ein Mensch, der in die Schule was gelernt hat. (Zu den Bauern) Leute, haltet mal das Ding auseinander. (Zwei Bauern treten hinzu und breiten das Betttuch aus.)

Bräsig. Da steht es groß und breit. Fisat! Fisat! Fisat! Sagt Leute, ist das nicht sehr künstlich gemacht?

Mehrere Bauern. Ja woll, Herr Entspekter, Se sünd een groten Künstler.

Bräsig. Na, wenn Ihr das man einseht. (Zu Hawermann) Korl, der Herr Leutnant wird sich freuen, wenn er die schwarz weißen Kalören sieht.

Hawermann (lachend). Und Deine schöne Orthographie.

Bräsig. Was?

Hawermann. Du hast ja Vivat mit zwei F geschrieben, es müssen aber zwei V sein.

Bräsig. Daß Du die Nase ins Gesicht behältst — s ist ja wahr. Immer die alte Geschichte, wie in der Schule auch. Weißt Du noch, Korl, in die Fizigkeit war ich Dich über, blos in die Richtigkeit warst Du mich immer über. Na, wenn Gust Kegel die Fahn man tüchtig swenkt, süht der Leutenant das nicht (giebt die Fahne an den Jungen, der auf dem Baume sitzt). Da, Herr Fahnenjunker! Wie die Herrschaft unter die Port steht, da swenkst Du, was das Zeug halten will.

Gust. Kegel. Will't woll maken, Herr Entspekter.

Bräsig (zu Fritz). Nu, Fritz, stellen Sie die Leute in Ordentlichkeit. Sie müssen Spalier machen.

Fritz (hochnäsig). Das hätt ich auch gethan ohne Sie, Herr Inspektor. (Zu den Bauern) Rechts die verheiratheten Männer mit ihren Frauen. Aber die Kinder müssen erst nach Hause gebracht werden.

Mehrere Frauen (die Kinder tragen). Ne, ne, be Kinners wöllt de gnädige Herrschaft auk sehn.

Fritz. Schickt sich nicht. Sie sehen zu — zu unappetitlich aus.

Bräsig (zu den Frauen). Putzt ihnen die Nase ab, dann gehts!
(Die Frauen thuen es.)

Bräsig. Der Herr Leutnant soll die Fruchtbarlichkeit hier bewundern.

Fritz. Meinetwegen, Sie habens zu verantworten, denn ich —

Bräsig. Halten Sie's Maul, Windhund, und machen Sie, daß Sie fertig werden.

Fritz. Die ledigen Leute und die Jungfrauen auf die andre Seite.

(Die jungen Burschen und die Bauermädchen thun wie Fritz befohlen.)

Fritz (zu Mamsell Müller). Dahin gehören Sie auch, Mamsell Müller.

M. Müller (spitz). Wat Sei nich Allens wäten. Ick stah bi de Ehrenport. Ick heb en Gedicht uptoseggen (stellt sich an die Pforte).

Bräsig (zu Hawermann, Moses, Frau Nüßler und Jochen). Korl, wir Beide hierher. Dahin Sie, Moses, Frau Nüßler, Sie gehören zu unsere Gruppirung. Auch Jochen — aber Jochen, so erhebe doch Deine stattliche Persönlichkeit.

Jochen (steht langsam auf). Ja, wat soll ick dorbi dauhn?

Bräsig. Du sollst Deine Münblichkeit aufthun un Vivat mit= schreien. Deine Lunge is in gute Zuständlichkeit.

Jochen. Ja, Allens barna, as dat Lebber ist (geht zu den Uebrigen).

Bräsig (zu Pomuchelskopp). Sie würbiger Mann, wollen uns woll nicht das Vergnügen schenken?

Pomuchelskopp (bleibt an seiner Stelle stehen, stolz). Ich bin Gutsbesitzer und weiß, wo ich meinen Platz zu nehmen habe.

Bräsig. Wo Sie hingehören — das will ich Sie auf ein ander Mal sagen (sieht in die Coulisse). Aber wer kommt denn da noch?

### Fünfzehnte Scene.

Die Vorigen. Schulmeister Krull, mit vielen geputzten Kindern, Knaben nnd Mädchen, die Gesangbücher tragen).

Krull. Da sind wir. Nun paßt auf, lieben Kinder, und singt mir keine falschen Noten, sonst müßt Ihr morgen alle nachsitzen.

Bräsig (zu Hawermann). Gott soll mir bewahren, Korl, was wollen denn die?

Hawermann. Nun, Meister Krull will auch die Herrschaft bewillkommen.

Bräsig. Viel zu geistlich, Korl, viel zu geistlich, for en Leutenant!

### Sechszehnte Scene.

Die Vorigen. Louise und Franz von Rambow (aus dem Schlosse).

Louise (geht zu Hawermann). Lieber Vater, drinnen ist Alles in Ordnung. Herr Franz von Rambow hat tüchtig mitgeholfen.

Franz. Es geschieht ja meinem Vetter zu Ehren.

Fritz (nach Franz blickend). Gott sei Dank, daß er bald weggeht! Dann bin ich bei Louischen Hahn im Korbe.

## Siebenzehnte Scene.

Die Vorigen. Ein Bauer (hinkt von rechts auf die Bühne).

Bauer. Se kamt, se kamt, in en paar Minuten möt se hier sien.

Hawermann. Aber Kohlmann, hev ick Di nich seggt, dat Du riden sollst?

Bauer. Ja woll, aber dat Pierd hat mi affsmeten (hinkt auf die Seite).

Bräsig. Na denn, Leute, stellt Euch in Positur. (Ruft nach dem Baum hinauf) Gust Kegel, daß du mich die Fahn gehörig swenkst.

Gust. Kegel (auf dem Baume). Se is so swor, Herr Enspekter. Mich werden die Arme all lahm.

Bräsig. Junge, wenn Du mich den Spaß ruinirst, schick ich Dir in die Kaltwasserheilanstalt. (Sieht sich um) Aber wo bleibt denn mein Muskant? Ah, da ist er mit sein Tutborn.

## Achtzehnte Scene.

Vorige. Peter (Mit seinem Nachtwächterhorn von links).

Bräsig. Vergiß nicht lieber Mozart und schone mich Deine Lunge nich.

Peter. O, ich habe einen guten Puster, Herr Entspekter (steigt auf den Brunnen.)

Franz (sieht nach rechts). Da hält der Wagen schon.

Bräsig. Achtung.

## Neunzehnte Scene.

Die Vorigen. Später Axel von Rambow. Frida. Schulmeister Krull und die Kinder beginnen zu singen:

Herr, beine Macht wir preisen —

Bräsig (ruft nach dem Baum hinauf). Deubelsjung, wullt Du woll swenken!

Gust. Kegel (oben). Dat geit nich. Dat Bettlaken hett sich in be Twieg verhebbert.

Bräsig (wüthend). Jung, krieg ick bi, ick sla bi be Knaken in Liev enttwei.

Schulmeister und Kinder singen fort:
Dein Zorn ist uns bekannt.

Axel und Friba (erscheinen hinter der Ehrenpforte).

Alle. Willkommen! Vivat!

Peter (bläst die Melodie: „Du bist der beste Bruder auch nicht").

Schulmeister und Kinder singen weiter:
Wie Deine Gnadenhand,
Die Dich anflehen, schützt.

(Vivatrufen, Gesang, Deklamation und Bräsig's Reden, Alles durcheinander.)

M. Müller (stellt sich vor Axel und Friba hin und declamirt mit komischen Gesten).
Heil Dir, o Herrin, alle Kräfte
Zu weihen im Berufsgeschäfte,
Mit treuem Fleiß, und treuem Sinn;
Nimm gnädigst dies Gelöbniß hin,
Des Hauses ganz ergebenste unterthänigste Dienerin.

(setzt Friba einen Rosenkranz auf.)

Indessen singt der Schulmeister weiter:
Wer sich zu Dir bekehret,
Der bleibet unversehret.

(Axel und Friba kommen nach vorn.)

Peter (bläst wie vorher).

Bräsig (schreit dazwischen). Der Junge swenkt mich die Fahn nicht. Ich krieg dem Podagra wieder. Aber wart (zieht einen der Bauern nach dem Baum, drückt ihn dort nieder und steigt ihm auf die Schultern, dann greift er hinauf und reißt dem Jungen die Fahne weg. In demselben Augenblick steht der Bauer auf und kommt mit Bräsig, der auf dessen Schultern reitet, nach vorn. Bräsig schwenkt

nun selbst die Fahne und schreit.) Vivat! der Herr Leutnant und die Frau Leutnantin!
 Bauern (schreien). Vivat! Vivat!
 Bräsig. Blaumenregen!
(Die Bauern bewerfen Axel und Friba in komischer Weise mit Sträußen von Feldblumen, Aehren u. s. w.
 Schulmeister und Chor:
  Wie sehr es kracht und blitzt.
 Peter (bläst aus Leibeskräften).
(Fortwährendes Hurrah der Bauern. Die Kinder fangen vor Angst an zu weinen.)
 Axel und Friba (rufen lachend). Dank, tausend Dank, liebe Freunde!
 Moses. Alle meschugge, aber hübsch is es doch.

  Der Vorhang fällt unter allgemeinem Jubel.

# Zweiter Aufzug.

Zimmer im Schlosse des Herrn von Rambow. Mittel- und Seitenthüren. Elegante Möbel. Auf einem Tische rechts einige Leihbibliotheksbücher.

### Erste Scene.

Hawermann. Fritz (k. b. Mitte).

Fritz. Noch einmal, Herr Hawermann! Kennen Sie Höllenqualen?

Hawermann. Wie?

Fritz. Die Empfindung ist stumm, aber der Menschenverstand behauptet: mündlich geht's doch am besten. Genehmigen Sie die Versicherung meiner Hochachtung und erlauben Sie mir die Gefühle eines Sohnes für Sie zu haben.

Hawermann. Wenn Ihnen das Spaß macht, warum denn nicht?

Fritz. Lassen Sie mich dieses graue Haupt mit dem Wunsche betrachten, auch einmal so grau zu werden.

Hawermann. Sind Sie bei Trost, Fritz?

Fritz. Würdiger Greis, keine Mißverständnisse! Dieses Grau eröffnet mir nur die rosige Aussicht, auch einmal glücklicher Vater sein zu dürfen.

Hawermann (lächelnd). Das wird ja auch wohl kommen — mit der Zeit.

Fritz. Da müßte ich aber erst glücklicher Sohn werden.

**Hawermann.** Sind Sie das nicht? Ihr Vater ist ein guter und rechtschaffener Mann.

**Fritz.** Gewiß, aber ich möchte noch einen zweiten haben.

**Hawermann.** Zwei Väter — ei! mein Freund Bräsig würde sagen, daß Du —

**Fritz.** Ich kenne das. Weg mit dem prosaischen Wort aus meinem poetischen Traum. Ihr Sohn möchte ich sein, Herr Hawermann, Sie auf meinen Händen tragen, Sie pflegen, als ob Sie meine Mutter wären, Sie lieben wie meine Tochter — und Sie an diesen Busen drücken wie ein Kind vor dem ersten Zahn.

**Hawermann.** Ich danke Ihnen für diese Anhänglichkeit, lieber Fritz, und würde dieselbe mit freierem Herzen erwidern können, wenn Sie sich besser zusammennehmen, und nicht gar so ein arger Faselhans sein wollten. Da sehen Sie einmal Franz von Rambow an! Fleißig und unermüdlich bis in die Nacht, nicht hochmüthig und befehlshaberisch gegen die Arbeiter, die doch auch Menschen sind, und wie Menschen behandelt sein wollen. Thun Sie's ihm nach, Fritz, so kann auch ein tüchtiger Oeconom aus Ihnen werden. Jetzt aber genug der Worte, ich habe zu thun. Wenn Louise kommt, die mich heute besuchen will, so schicken Sie sie wohl auf mein Zimmer (will links ab).

**Fritz** (läuft ihm nach und faßt ihn am Arm). O Vater — Vater, oh —

**Hawermann.** Tribbelfitz! Sie sind ein Narr! (links ab.)

## Zweite Scene.

**Fritz** (allein).

Narr hat er gesagt — nicht barsch mit einem in der Kehle stecken gebliebenen „Himmelsakerment", nein, lächelnd und liebevoll, und sogar hochdeutsch, was bei ihm für den Ausdruck unverkennbarer Hochachtung gilt. — Hurrah! Ihn habe ich mir erobert, jetzt gilt's auch seine Tochter zu gewinnen. Sie ist die Sonne meines dunkeln Innern, die mich sogar zu Versen begeisterte. Ich drücke ihr das poetisch ausgegossene Herz in die Hand, sie liest, erröthet selig schamvoll, ich trete vor sie hin, blinzle sie an — so — (verdreht die Augen) öffne die Arme — so — (thut es) sie seufzt — so — (seufzt) sinkt an meine Brust und Himmel und Erde wiedertönen meinen Siegesruf: Louise! Louise! Louise!

## Dritte Scene.

Fritz. Louise (b. b. Mitte).

Louise. Sie haben mich gerufen, Herr Tribbelsitz.
Fritz (erschreckt). Götter, sie selbst!
Louise. Warum sollte ich's denn nicht sein?
Fritz. Ja — ja — Sie sollten es! — Aeußerst! —
Louise. Ich verstehe Sie nicht.
Fritz. Das kommt schon, wenn Sie Gefühle für fremde Leiden haben.
Louise. Ich kann keinen Menschen leiden sehen, nicht einmal ein Thier.
Fritz. Dann bin ich Ihrer Theilnahme gewiß (legt die Hand auf's Herz und sieht sie seufzend an). O, Louise — hier — hier!
Louise. Haben Sie Magenschmerzen?
Fritz (für sich). Holde Unschuld! Sie ist in der Anatomie des Menschen noch nicht einmal bis zum Sitz des Herzens gekommen.
Louise. Sie schweigen? Es thut wohl recht weh, da die Antwort Sie so viel kostet.
Fritz (drückt ihr ein Papier in die Hand). O nein — nein — lesen Sie — es kostet nichts!
Louise (ohne das Papier zu entfalten). Was soll das?
Fritz. Einzige mir allein Bewußte! davon später! Wenn die Sterne in Ihrem Rosen-Antlitz es beglänzt haben, dann rufen Sie aus jener Thür, die so harmlos und unbewußt dessen, daß sie eine Pforte des Glücks, nur den süßen Naturlaut „Tribbelsitz". Und wenn die Hölle platzt, es wird genügen. Also „Tribbelsitz!"

(Ab durch die Mitte.)

## Vierte Scene.

### Louise (allein).

Wie sonderbar! Ich glaube Onkel Bräsig hat Recht und er ist zuweilen ein wenig (deutet auf die Stirn). Aber ist das ein Brief an mich? Laß doch sehen. (Liest.) „An die Einzige, Bewußte! — Holder Traum meiner Gedanken —" Wie? „Kann ich diesen Brief nicht selbst in Deine Hände spielen, so liegt der Inhalt meines Herzens unter dem Topf des dritten Rosenstockes in der zweiten Reihe. Dann bin ich heute Abend Punkt Schlag Glock halb Neun, wenn ich meine saure Milch gegessen habe, hinter den Stachelbeeren. Die Gelegenheit ist günstig und der Hollunderstrauch verbirgt uns dort. Schiller." — Unglaublich! und nun kommen gar Verse!

„Wo Du gehst mit frohem Muthe,
„Geht die schönste Liebe nur;
„Mit der Frühlingsblum' am Hute
„Folg' ich lauschend Deiner Spur.
„Aber ach, dahin geschwunden
„Ist die Liebe, wenn Du gehst,
„Ach ein Jüngling hat auch Stunden,
„Die Du leider nicht verstehst!"

Das ist mir wirklich zu hoch, aber augenscheinlich an mich gerichtet! Was soll ich damit beginnen?

## Fünfte Scene.

### Louise. Bräsig (von rechts).

Bräsig. Sieh da, mein Augapfel! Louise! Du suchst woll den Ollen?

Louise. Ja, Onkel Bräsig. Aber gut, daß ich Sie vorher treffe.

Bräsig. Wo so gut?

Louise. Sagen Sie mir doch, verstehen Sie sich auf Verse?

Bräsig. Daß Du die Nase ins Gesicht behältst, das will ich meinen. Habe vor Jahren drei Bräuten auf ein Mal gehabt und auf zwei von ihnen selbst einen Vers gemacht (beclamirt).

„Ich lieb' Euch alle Beide
„Und sag's Euch ins Gesicht,
„Doch thut Euch nichts zu Leide,
„Wenn Ihr mir doch nicht kriegt!"

Louise (lachend). Allerliebst! (gibt ihm das Papier). Lesen Sie. Das hat mir Tribbelsitz gegeben.

Bräsig. Der Windhund? Was Deubel! Laß doch mal sehen (überfliegt das Papier) Daß Du — ist der Schlingel rein doll geworden?

Louise. Wenn ich's gelesen, soll ich ihn rufen. Er wartet draußen. (deutet auf die Mitte).

Bräsig. Süh, süh! Was der Junge vor Raupen in Kopp hat. Warte, ich will sie ihm vertreiben, ohne Petrolibum! Geh' zu Deinem Vater, Döchting, un laß mir allein.

Louise. Was haben Sie vor, Onkel Bräsig?

Bräsig. Eine kleine Kühr mit dem Versfabrikanten.

Lonise. Darf ich nicht dabei sein?

Bräsig. Ne, Döchting, das muß ich allein praktisiren.

Louise. Wohl, ich gehe, aber machen Sie's nicht gar zu arg. Er hat's am Ende doch nicht böse gemeint. (Geht links ab.)

## Sechste Scene.

### Bräsig, dann Fritz.

Bräsig. Nu paß auf, mein Jüngelchen (schleicht zur Mittelthüre und ruft mit verstellter Stimme, im Flüstertone) Tribbelsitz! (bleibt mit weitgeöffneten Armen dicht vor der Thüre stehen).

Fritz (ruft noch hinter der Thüre). O geliebte Louise! (stürzt herein und Bräsig in die Arme.)

Bräsig (ihn stark an sich pressend). O geliebter Tribbelsitz!

Fritz (erschrocken, schreit). Au! mein Busenknochen! Lassen Sie los, Herr Inspektor!

Bräsig. Nicht eher, bis ich Sie die Dummheiten aus das Leib gequetscht habe (drückt ihn wieder).

Fritz (schreit). Barmherzigkeit! mir vergeht der Athem.

Bräsig (läßt ihn los). So, nu verpusten Sie sich. Nicht wahr, mir haben Sie hier wohl nicht vermuthet?
Fritz (kläglich). Nein!
Bräsig. Aber ich verstehe mir doch auch gut auf so'ne Herz= druckerei, wie Sie intendandirt haben? Kann ich gut drücken, oder nicht, he?
Fritz (wie früher). Ach ja!
Bräsig. Un nu sehen Sie mir einmal an!
Fritz (thut es). Wie Sie befehlen!
Bräsig. Und dann sagen Sie mich, was vor ein Schaafskopp das geschrieben hat? (zeigt ihm das Papier).
Fritz (bei Seite). Verrath, schwarzer höllischer Verrath! (laut) Herr — Herr Inspektor —
Bräsig. Daß Du die Nase — nun, wird's?
Fritz. Herr Inspektor, Sie beleidigen meine Gefühle.
Bräsig. Grünschnabel! Der Deubel soll Sie holen! Haben Sie Gefühle vor Säen un Pflügen un Dreschen un vor's liebe Vieh, aber nich vor die Weibsleut.
Fritz (tragisch). Kann man dem Herzen gebieten?
Bräsig. Werden's schon lernen, wenn mein Freund Korl erst ein paar Rippen in Ihre Posamentur zerknackt hat.
Fritz (ängstlich). Um Gotteswillen, Herr Inspektor, nur kein Wort gegen Herrn Hawermann.
Bräsig. Estimiren Sie mir vor ein altes Waschweib? Ich werde das Maul halten, wenn Sie Dösbabbel sein Döchting unge= schoren lassen. Wollen Sie oder nicht?
Fritz (wehmüthig). Ach ja, ich will —
Bräsig. Also machen Sie Kater Pekavi?
Fritz (wie oben). Ja, Herr Inspektor!
Bräsig. 's gut. So will ich Gnade vor Recht ergehen lassen.
Fritz (seufzt). Ich dank Ihnen, Herr Inspektor.
Bräsig. Da nehmen Sie Ihren Wisch wieder un wickeln Sie Ihr Butterbrod rinn, wenn Sie auf's Feld gehen. Und das sage ich Ihnen, wenn Sie nicht vernünftig werden, un statt Leiws= gedanken, Mistgedanken haben, dann haben Sie hier am Längsten

den Hans Narren in Stulpenstiefeln gespielt. Verstehen Sie mir? Un nu — (deutet höflich auf die Thüre).

Fritz. Verstehe! (für sich.) Alter Mann, hätteft Du nicht schon am hellen Tage Mondschein auf dem Kopfe, ich würde Dir —

Bräsig (drohend). Tribbelsitz!

Fritz (erschreckt und wendet sich zum Gehen).

Bräsig (sehr höflich). Uebrigens verbleibe ich Ihr wohlgeneigter Entspektor Zacharias Bräsig.

Fritz (ab Mitte).

## Siebente Scene.

Bräsig, dann Hawermann und Louise.

Bräsig. Windhund, entsamigter! (geht und macht die Thüre zu, welche Fritz offen gelassen, dann wendet er sich zu Hawermann und Louise.) Sieh da, Korl; eben habe ich Deinem Herrn Leutenant schuldige Aufwartung gemacht und nu wollt' ich Dich auch guten Tag sagen.

Hawermann. Guten Tag Bräsig; Du bist bei ihm gewesen? Wie hast Du ihn denn gefunden?

Bräsig. Ja, Korl, das is nu so, as dat Lebber is, sagt Jung-Jochen; merkwürdig, bell'schen merkwürdig. Besonders seine ökonomischen Ansichten.

Hawermann (seufzend). Ja, da steckt's!

Bräsig. Er hat mich allerhand vorgebibbert von Kohlen und Zapeter, von Kalk und Hybropath; fragte mir, ob der Gips en Reizmittel wär', oder en Nahrungsmittel, das heißt vor den Klewer, nicht vor Minschen, un ob der Mist stünk von wegen den Salmiak-Spiritus, oder von wegen seine eigene stinkerige Natur.

Hawermann. Ja, ja! Da hat er nun in seinen Mußestunden in der Garnison die Landwirthschaft aus den neumodischen Büchern studiert, und die stimmen schlecht mit unserer alten Art und Weise. Und wenn ich auch gern wollte, ich kann mich da nicht hineindenken, mir fehlen die Kenntnisse dazu.

Bräsig. Herr du meines Lebens, so war das Ernst? Ich habe

ihn eſtimirt, daß er ſich einen kleinen Juxus machen und mir ein bis=
chen auf's Glatteis führen gewollt.

Hawermann (zieht ihn bei Seite). Ernſt, Bräſig, Ernſt.
Und ich wollte auch nichts dazu ſagen und ihm nach Kräften beiſtehn,
aber zu der Art Wirthſchaft gehört ein großer Geldbeutel und den
haben wir nicht. Ich meinte erſt, ſeine Frau würde ihm eine reiche
Mitgift zubringen, aber damit iſt es wohl nichts. Er hat Schulden,
große Schulden, und ſtatt mir ſein Vertrauen zu ſchenken, ſich mit
Wucherern eingelaſſen.

Bräſig. I der Deuwel!

Hawermann. Meine gute Zeit iſt hier vorbei, Zacharias.
Er hat kein Herz für mich, aber deſto mehr für den Pomuchelskopp,
mit dem er Freundſchaft hält und der ihn ins Unglück ſtürzen wird,
wie einſt mich.

Bräſig. Daß Du die Naſe ins Geſicht behältſt. Das ſind ja
ſchöne Exteriörs. Heute Abend mehr davon. Ich muß einmal auf
Jochen ſeine Feller nach das Rechte ſehen. Bänker, Korl! Das iſt
grade wie das Seildanzen. Wenn ſo'n Schulkind von Lütt auf dran
gewöhnt un nich büſig im Kopp wird, denn danzt es auch in ollen
Dagen mit Vergnügen b'rauf rum. Unſere Knochens ſind zu ſteif
dazu, trotz Waſſerkunſt, Stinkſtoff und die ganze Deubelei! —Abjüs!
(Ab.)

## Achte Scene.

Hawermann. Louiſe.

Louiſe. So ernſt, Väterchen?

Hawermann. Laß ab! Ich habe ſorgenſchwere Stunden
gehabt, aber mit Gottes Hülfe wird ſich Alles zum Guten wenden.

Louiſe. Du machſt mir Angſt.

Hawermann. Die ich verſcheuchen will durch etwas recht
Erfreuliches!

Louiſe. Ei!

Hawermann. Der gute Franz, mein' ich, iſt Dir lieb und
werth.

Louiſe. Wie ein Bruder!

Hawermann. Er aber liebt Dich nicht wie eine Schwester.
Louise (betrübt). Nicht?
Hawermann. Sondern mehr, — weit mehr! Er hat es mir heute früh gestanden.
Louise (die Augen niederschlagend). O mein Gott, wäre das möglich?
Hawermann. Hat um Deine Hand angehalten.
Louise. Er!? Aber bin ich denn schon alt genug zum Heirathen, Väterchen?
Hawermann. Ei, eine kleine Spanne Zeit muß mir noch ins Land, ehe der Pfarrer Euch zusammengibt. Franz muß sich erst ein wenig in der Welt umthun und mündig werden, dann kann er sein Gut antreten, und mein Louischen heimführen, welche bis dahin die Kinderschuhe wohl ausgetreten haben wird.
Louise. Vater, lieber Vater.
Hawermann. Bist Du schon klug genug, um zu begreifen, was es heißt: eine Braut, eine glückliche Braut?
Louise. Ich denke wohl!
Hawermann. Nun, so kannst Du ihm auch selbst Dein Jawort geben, denn — da kommt er just.

## Neunte Scene.

Vorige. Franz von Rambow (d. d. Mitte).

Franz (geht auf Hawermann zu, reicht ihm die Hand). Lieber Vater! (zu Louise) Fräulein Louise —
Hawermann. Hat sich was! Wenn man den Vater schon Vater nennt, hat sich's ausgefräuleint bei der Tochter. Louise weiß Alles, Franz —
Franz. Ist's möglich — und ihre Antwort?
Hawermann. Die müssen Sie bei ihr selbst holen.
Franz. Louise, darf ich es wagen —
Louise. Ach Gott, ich weiß ja nicht, was man bei solchen Gelegenheiten zu sagen hat.
Franz. Nur das kleine Wörtchen „Ja!"

Louise (naiv). Nun, das wird ja wohl über die Lippen zu bringen sein. Also — ja!

Hawermann. Gott segne diese Stunde und Euch. Und nun, Franz, rüsten Sie sich zur Abreise.

Louise. Wie? Sie wollen schon fort?

Franz. Jetzt heißt es: Du willst schon fort — nicht wahr, Vater?

Hawermann. Natürlich!

Louise. Also Sie — nein — d — d — Ach, das klingt gar so sonderbar —

Hawermann. Heraus damit.

Louise. Du willst schon fort?

Hawermann. Je eher die Abreise, desto schneller die Hochzeit. Nun aber geht Kinder, und —

Louise (schnell). Darf ich's denn den Leuten auch sagen, daß ich Braut bin?

Hawermann. Jedem, der's hören will; nimmt doch Jeder den herzlichsten Antheil an Dir und Deinem Glück.

Louise. Braut?! Ich komme mir vor, als ob ich um einen ganzen Kopf gewachsen wäre.

Franz. Und ich mir wie ein Ritter der Vorzeit, der sein Burgfräulein heimführen darf.

Louise. Vorläufig geht's nur zu meinen Pflegeeltern.

Hawermann. Recht so. Nehmen Sie Abschied von ihnen, Franz, denn um diese hier haben sie den Himmel verdient.

(Franz und Louise ab Mitte.)

## Zehnte Scene.

Hawermann, dann Pomuchelskopp.

Hawermann. Der Kinder Glück ist mein einziger Trost für die Zukunft, denn meines Bleibens wird hier wohl nicht lange mehr sein. — Mein guter gnädiger Herr dort oben! — Gott schütze Dein Haus und die Scholle, die wir geackert haben in Sorge und Noth, im Schweiße unseres Angesichts. Du warst ein schwacher, aber ein

reblicher Mann, mehr mein Freund, als mein Herr — aber was wird
da werden zwischen Deinem Sohne und mir?

Pomuchelskopp (tritt ein). 'nen Morgen, Herr Inspektor.
Herr von Rambow zu Hause? Bitte, melden Sie mich.

Hawermann. Et wart ja woll noch een Bedienter to finnen
sien (will ab).

Pomuchelskopp (für sich). Flegel! (laut.) Noch ein Wort,
liebwerthester Herr Havermann.

Hawermann. Aber kurz, wenn's gefällig ist.

Pomuchelskopp. Lassen Sie doch endlich das Vergangene
vergessen sein. Ich meine es ja so gut mit Ihnen. So oft bei Herrn
von Rambow die Rede auf Sie kommt, so sage ich: Folgen Sie nur
dem redlichen Havermann, er räth immer zum Besten.

Hawermann. Un ick segg: Häuben Se sick vor dem Po=
muchelskopp, de rath immer tom Slechtesten. Gauden Morgen.
(Ab links.)

### Eilfte Scene.

Pomuchelskopp, dann Axel und Frida (von rechts).

Pomuchelskopp. Mir das! Mir! Dem reichen Pomuchels=
kopp von einem bezahlten Knecht? Warte, Schuft! Habe ich Dich
einmal in die Welt gejagt, so wird's wohl auch ein zweites Mal fertig
zu bringen sein.

(Axel und Frida treten auf.)

Axel. Ah, unser freundliche Nachbar schenkt uns wieder ein=
mal die Ehre.

Pomuchelskopp. Bitte, bitte, die Ehre ist ganz auf meiner
Seite. Ein bürgerlicher Gutsbesitzer weiß, was er dem Adel schuldig
ist (zu Friba). Gnädigste Frau — unterthänigsten guten Morgen.

Friba (kalt). Ich danke, Herr Nachbar.

Axel. Ich war eben im Begriff, mit meiner Frau einen
Spaziergang zu machen und den Platz für die Pabbocks auszusuchen,
die ich anzulegen beabsichtige.

Pomuchelskopp. Vortreffliche Idee! Etwas theuer im An=
fang, aber rentabel, höchst rentabel!

Axel. Nicht wahr? Aber das kann ja auch nach Tische geschehen, vorläufig bleiben wir zu Hause, nicht wahr, Friba?

Friba. Wie Du willst, lieber Mann! (setzt sich an den Tisch rechts und nimmt ein Buch zur Hand).

Pomuchelskopp (für sich). Sie scheint mir nicht geneigt zu sein. Vermuthlich auch ein Liebesdienst des Herrn Hawermann.

Axel. Nehmen Sie Platz, wenn ich bitten darf (Beide setzen sich). Sie haben Recht. Neuerungen sind immer kostspielig, darum ist es mir lieb, Sie gerade heute bei mir zu sehen.

Pomuchelskopp. Bitte, bitte! (Für sich.) Kommt schon!

Axel. Sie haben mich so oft Ihrer Freundschaft versichert —

Pomuchelskopp. Wessen das Herz voll ist —

Axel. Und so könnte ich mich entschließen, endlich das Anerbieten zu acceptiren, das Sie mir wiederholt gemacht.

Pomuchelskopp (für sich). Da sind wir. (Laut) Befehlen Sie ganz über mich.

Axel. Sie wissen, mein Gut gehört zu den einträglichsten in ganz Mecklenburg.

Pomuchelskopp. Natürlich.

Axel. Es ist nicht sehr belastet, also könnte ich wohl eine Hypothek aufnehmen.

Pomuchelskopp. Wozu die Umstände, wenn Ihr ganz ergebener Diener nur auf die Gelegenheit wartet, Ihnen gefällig zu sein.

Axel. Es handelt sich nur um 20,000 Thaler.

Pomuchelskopp. Bagatelle!

Axel. Freilich könnte ich mich auch an Moses in Güstrow wenden.

Pomuchelskopp. Gott behüte! Sie werden doch nicht ohne Noth einem Juden in die Hände fallen wollen? Wir Gutsbesitzer müssen zusammenhalten, nicht allein für uns, auch zum Besten des Ganzen. Ich bitte Sie, Herr Baron, das Geld von mir anzunehmen. Ich kann es noch heute flüssig machen.

Axel (steht auf). So danke ich Ihnen um des Ganzen willen, denn meine Pläne —

Pomuchelskopp (steht auf). Werden vom ungeheuersten Einfluß sein für das ganze landwirthschaftliche Gebiet. Was Sie mir davon erzählt haben — aber hören Sie auf einen erfahrenen Landwirth, Herr Baron. Wer gewinnen will, muß auch wagen, und Neuerungen, wie Sie dieselben beabsichtigen, und die den Ertrag des Gutes gewaltig steigern werden, dürfen nicht mit zaghafter Vorsicht, sondern müssen im großartigen Maaßstabe ins Werk gesetzt werden. Deshalb bitte ich Sie, das Doppelte der gedachten Summe von mir anzunehmen.

Axel. Freund — Nachbar! Sie sind ein Mann für mich.

Pomuchelskopp (für sich). Das glaube ich.

Axel. Ein Mann des Fortschritts, während mein Inspektor —

Pomuchelskopp (geringschätzig). Herr Hawermann?

Axel. Mir tausend Einwände macht.

Pomuchelskopp. Der Mann ist eben alt und hinter seiner Zeit zurückgeblieben.

Axel. Ganz meine Ansicht —

Frida (die dem Gespräch mit steigender Aufmerksamkeit zugehört). Verzeihung, wenn ich mich in Ihr Gespräch mische, aber alle Welt rühmt die Kenntnisse und die landwirthschaftlichen Erfahrungen des Inspektors.

Pomuchelskopp. Ja, ja! Besonders die Tagelöhner, denen er gutmüthig durch die Finger sieht. Je nun, ich will ja nichts Böses von ihm sagen, obwohl ich weiß, daß er vor Jahren in Pommern schlecht gewirthschaftet und, unter uns gesagt, einen fatalen Bankrott gemacht hat.

Frida. Dennoch halte ich ihn für einen rechtschaffenen Mann.

Axel. Einerlei. Er soll meine Pläne nicht stören. Herr Nachbar, ich nehme Ihr Anerbieten an.

Pomuchelskopp. Viel Ehre für mich. Die albernen Formalitäten können wir ja gleich in Ordnung bringen.

Axel (für sich). Ich bin gerettet. (Laut) Ich gehe mit Ihnen.

Frida (leise zu Axel). Du solltest doch erst mit dem Inspektor reden.

Axel. Wozu? Er hat lange genug hier den Herrn gespielt, laß mich auch einmal zeigen, daß ich — ich es bin. (Zu Pomuchels=
kopp) Wenns gefällig ist —

Pomuchelskopp. Mit Vergnügen. (Für sich) Der Fisch hat angebissen, jetzt wollen wir sorgen, daß er aufs Trockne kommt. (Laut) Gnädigste Baronin, meine Frau und meine Töchter bitten bringend um Dero Besuch. Ergebenster! Ergebenster!

Axel. In einer Stunde bin ich zurück. (Ab mit Pomuchels=
kopp durch die Mitte.)

### Zwölfte Scene.

Friba. Dann Hawermann.

Friba. Dieses Mannes übergroße Freundlichkeit erfüllt mich mit einem unerklärlichen Mißtrauen. Wer mir Aufschluß geben könnte über ihn! Wer? Ich frage noch? — Hawermann hat ihn schon früher gekannt, er mag mir rathen mit seinem redlichen Sinn. (Geht zur Seitenthür links) Herr Inspektor, auf ein Wort.

Hawermann (eintretend). Sie befehlen, Frau Baronin?

Friba. Ich habe nur den Freund zu mir gebeten, den Freund unseres Hauses, denn das sind Sie ja doch.

Hawermann. Ich bins, und fühle mich mit stärkern Banden daran geknüpft, seit Sie hier walten mit Ihrem milden Einfluß.

Friba (freundlich). Ich danke Ihnen, ich weiß, daß Sie nicht schmeicheln wollen. Doch hören Sie. Eben war unser Guts=
nachbar hier.

Hawermann. Der — Herr Pomuchelskopp; ich weiß.

Friba. Und wissen Sie auch weßhalb er kam?

Hawermann. Vermuthlich um Herrn von Rambow abermals seine Freundschaft aufzubringen.

Friba. Allerdings, so wars. —

Hawermann. Und der Herr Baron —

Friba. Kam ihm nur zu bereitwillig entgegen.

Hawermann (zuckt die Achseln).

Friba. Aber das ist noch nicht Alles. Mein Mann — Herr

Hawermann! Sie besitzen mein ganzes Vertrauen, ich will Ihnen nichts verschweigen. Axel ist in Geldverlegenheit —

Hawermann. Ich habe es gewußt.

Frida. Er hat in der Residenz 6000 Thaler Schulden zu decken, und eine Hypothek von 14000 Thalern ist ihm gekündigt worden.

Hawermann. Wie?

Frida. Nun steht er im Begriff nicht nur diese Summen, sondern noch 20,000 Thaler mehr von jenem Herrn zu entlehnen und hypothekarisch auf das Gut eintragen zu lassen.

Hawermann (erschreckt). Das verhüte Gott, Frau Baronin! In diesem Geschäfte liegt für Ihr Haus der Keim eines unabsehbaren Unglücks verborgen.

Frida (erstaunt). Woher diese Befürchtung?

Hawermann. Gnädige Frau — meine beste gnädige Frau — ich weiß ja nicht, ob Sie meinen Worten — meinen Warnungen Gehör schenken werden.

Frida. Ich blicke Ihnen ins Auge, Hawermann, und spreche ein herzliches „Ja". Kommen Sie, vertrauen Sie mir, was Sie auf dem Herzen, und was Sie gegen den neuen Freund meines Mannes einzuwenden haben (setzt sich).

Hawermann (nimmt ebenfalls einen Stuhl). Ungern wecke ich schmerzliche Erinnerungen wieder auf, aber es muß sein, für Ihres Gatten, für unser Aller Wohl. — Vor vielen Jahren hatte ich von — jenem Menschen ein kleines Gut in Pommern gepachtet. Der Zins war freilich hoch, aber ich besaß Muth, Arbeitskraft und ein junges Weib, das mir rüstig zur Seite stand. 's ging auch recht gut so weit. Die Zeiten waren nicht schlimm, die Ernten erträglich, mein Weib gebar mir ein Töchterchen, meine Louise — der Segen wohnte unter meinem Dache. Da kam der böse Feind in Gestalt des Gutsherrn. Mein junges Weib stach ihm in die Augen, er verfolgte sie mit Anträgen, die sie mir verschwieg, weil sie meine Heftigkeit und den unseligen Jähzorn kannte, der mich auch jetzt noch nicht verlassen hat. Da ging er weiter und wagte einen schimpflichen Ueberfall. Ein Tagelöhner, der ihr zu Hülfe geeilt war, entdeckte mir Alles, und meine Wuth siegte über die Vernunft. Ich eile ins Herrenhaus, schleudere dem Elenden seine Büberei ins Gesicht, packe seine Gurgel — da brüllt er die Knechte herbei, sie reißen mich von ihm — überwältigen mich — treten mich mit Füßen — mit Füßen, Frau Baronin! Mich — mich —! und in meinem Blute finde ich mich wieder, draußen vor dem Thor. (sinkt erschöpft auf den Stuhl.)

Friba. Entsetzlich! — Armer Mann! — Fassen, beruhigen Sie sich.

Hawermann (fährt sich über die Stirn). Es geht schon vorüber, gnädige Frau! — Ich war ein starker Mann, ich konnt's überwinden. Nicht so mein armes Weib. Als man mich ihr, die noch tief aufgeregt war von dem was vorgegangen, ins Haus trug, sank sie vom Schlage getroffen und für immer gelähmt zu Boden. — Dieser Schlag war der erste, 's kamen aber andere noch. Die Ernten mißriethen — der Hagel verwüstete meine Felder, zum ersten Male konnte ich die Pacht nicht bezahlen und — der freundliche Mann trieb mich zum gerichtlichen Bankerott.

Friba. Nun begreife ich Ihre Warnung.

Hawermann. Wies denn so üblich ist — 's kam zur Auktion. Alles was mir lieb und werth geworden durch jahrelangen Gebrauch — durch ihre Berührung — gerieth unter den Hammer. Nicht der Pflug allein, hinter dem ich mit Sorgen gegangen — auch das Christgeschenk, der winzige Puppenkram, den ich mühsam zusammengekargt für mein Kind. Das thut weh, Frau Baronin, — recht, — recht weh! Die Stube war leer — nur ein Sarg stand noch da — und drin lag meine Catharina — Gottlob! Sie hatte den Jammer nicht mehr erlebt. Als sie eingesenkt war, nahm ich das Kind auf den Arm und wanderte hierher, nach der alten Heimath. — Hier war die Noth zu Ende. Meine Louise fand Aufnahme bei den biedern Pastorsleuten in Gürlitz, mein Freund Bräsig verschaffte mir die Inspektorstelle auf diesem Gute, wo ich nun Jahre lang mit redlichem Streben gewirkt. Die Vergangenheit ist todt — nur Eins bleibt lebendig, der Haß gegen den Menschen, der jetzt auch Ihnen naht wie die Schlange, um Ihr Paradies zu vergiften. Seine Augen blicken habgierig auf dies Gut, — wie er mich vertrieben, wird ers auch mit Ihnen thun, und — und — O Frau Baronin, bis jetzt hab ich mit Ihnen gesprochen, wie Sie's gewohnt sind — nun aber, wo's das Heiligste gilt — nu — mut ick to Ihnen reden in mine Sprak, de

3*

doch be beste is, wenn dat gahn soll von Hart to Hart! Heuren Se up mi! Schützen Se den Herrn Baron vor düsen Slieker, denn sien Blick bringt Unsegen, un wo he hinkömmt kummt dat Unglück mit.

Friba. Hier meine Hand — ich will thun was möglich ist.

Hawermann. Dank — Dank! Un Du Herr Gott im Häven da baben, Du warst Diene Hand hollen öber düssen Engel — büt Huus und Dienen ollen truen Hawermann.

---

# Dritter Aufzug.

Ländlicher Garten. Rechts und Links Lauben. In der Mitte der Bühne ein praktikabler Baum. In den Lauben Bänke.

### Erste Scene.

Jochen Nüßler (sitzt in der Laube links und raucht). Frau Nüßler (steht vor ihm).

Frau Nüßler. Ick sech Di Jochen, de Soak mut to En'n toamen.

Jochen (ruhig). Ja, Mutting, wat sall ick dorbi dauhn?

Frau Nüßler. Frag nich so dumm! Da sast Rudolph den Kopp waschen.

Jochen. Mutting, dat makt mi to väl Möh.

Frau Nüßler. Ach wat! Dummen Snack! Sloapmütz! Du sast Di bekümmern um wat in Hous vorgeiht.

Jochen. Dat deihst Du ja, Mutting.

Frau Nüßler. Nu ja. Du büst aber doch de Herr.

Jochen. So? bün ick dat? Ih! wat Du sechst.

Frau Nüßler. De Rudolph is en Slüngel un moak nix as Dübelsstriek.

Jochen. Ja, 't is all so as dat Ledder is.

Frau Nüßler. Mit dat narrsche Sprückwoord lockst Du keen Hund utn Oaben. Ne, wat mi de Mann argert. Dat is um ut de Huut to fahren.

## Zweite Scene.

Die Vorigen. Bräsig (von rechts).

Bräsig (hat die letzten Worte gehört). Thun Sie das nicht, Madame Nüßlern, Sie würden dann eine markwürdige Constitution haben.

Frau Nüßler. Gaud hat se kahmt, Bräsig. Op Ihnen hew ick grad töwt. Se hewt ja ook en Narrn an den Musche Rudolph fräten.

Bräsig. Pianoforte, Madame Nüßlern, Pianoforte! Was ist denn pasirt!

Frau Nüßler. Bäl is passiert in de brei Wochen, dat Se nich hier wäsen sünd. Se wäten doch, dat de beiden Kandidaten, de bi uns wahnt, be Gottlieb Baldrian und Rudolph Kunz sick hier op ähr Examen — wie heit dat doch glieck —

Bräsig. Präservaritiren. Mich Allens bekannt. Kenne Beide genau. Der eine, der Rudolph, hat eine lustige Gemüthlichkeit. Der andre aber, der Gottlieb, soll mich aus dem Leibe bleiben. Hat ümmers den Deubel in Mund, un mir sogar bekehren wollen, auch an ihm zu glauben.

Frau Nüßler. Oh, be Gottlieb is en gaud Schaap. Aber be Rudolph! —

Bräsig. Wo so? Was hat er denn gethan?

Frau Nüßler. Wat en Sünn un Schann is forn Kandibaten, be bald Pastur warn will.

Bräsig. Sie wecken meine Neuschierigkeit, Frau Nüßler. Schießen Sie mal los.

Frau Nüßler. Vor kotten, da sullen se Beid an'n Sünndag in Rahnstädt predigen, Rudolph Morgens, Gottlieb Namedags. Na, be Dag kummt denn ok. Ick und Jochen und mine beiden Döchtings, Lining und Mining un be Herrn Kandibaten sett uns orn Wagen un fahren na Rahnstädt. Wi gaht mit Gottlieb in den Preisterstauhl, un be gottlose Minsch, be Rudolph stigt op de Kanzel.

Bräsig. Wo so is ber Rudolph gottlos, wenn er auf die Kanzel klebbert?

Frau Nüßler. Hör'n Se man wieder. Also be Rudolph

lecht op de Kanzel los, dat all de Lüd, de in de Kirch wörn, Muul un Näs opsparrt, ick un Jochen ook.

Jochen. Ja, ick heb so tohört (macht dem Mund weit auf).

Frau Nüßler. Ick frei mir öber den Jungen un will dat Gottlieb seggen. Wat mut ick seihn? Dat arme Schaap spaddelt mit Hann'n un Föten un jammert mi in't Ohr: Tante Nüßler, das ist ja meine Predigt. Was soll nu heute Nachmittag mit mir werden?"

Jochen (nickt). Ja, he hett wimmert wie mien Hund Bauschan, wenn em Mutting kein Stück Wust geben will.

Bräsig (lacht). Ha, ha, ha! Wie hat der Deubelsbengel, der Rudolph denn das angefangen?

Frau Nüßler. Wie en rechten Spitzboof. Gottlieb hett hier in de Laub säten und sien Sermon luud studeert. Rudolph aber hatt achter de Büsch stäken un den Kram von Tohören utwennig lehrt.

Bräsig (laut lachend). Madame Nüßlern, dat is en hellschen Spaß!

Jochen (lacht auch). Dat meen ick auk Bräsig.

Frau Nüßler. Ob Du still büst, Jochen. (Zu Bräsig) Spaß nennen Se dat, so'n Hanswustenstreich in de Kirch? (wieder zu Jochen) Un Du lachst ook daröber?

Jochen. Ja, wat soll ick dorbi dauhn?

Bräsig. Das war eine Strafe vor dem Petisten, weil er ümmers mit dem Deubel verkehrt. Wie hat sich denn das Worm aus die Suppe heraus geholfen?

Frau Nüßler. De arme Gottlieb hett sick an den Pastur wendt. De hett em en ohle Predigt obwarmt. Aewer de Buren sünd dabi inslapen.

Jochen. Ja, ick heb auk dorbi druselt.

Bräsig. En entsahmter Bengel der Rudolph, aber Grütze hat er doch unterm Pull.

Frau Nüßler. As de Predig ut wär, da hev ick min Noth mit Lining un Mining hat. De hevt ünerwegens blödige Throanen rohrt. Ne, dat is um dull to warren. Mien Huus is ganz un gar op'n Kopp stellt.

Jochen (erhebt sich von der Bank und nimmt die Pfeife aus

dem Munde). Mutting, bat is man, bat ick darvon red, äwer, dorvon will ick doch reden. Du sast seihn, de Jungens hewwen de Dierns wat in den Kopp sett.

Frau Nüßler. O, wat sull bat woll sien?

Jochen. Leiwsgeschichten, Mutting (setzt sich wieder). Du sast seihn: Gottlieb un Lining, un Rudolph un Mining. Aewer wat soll ick dorbi dauhn? All dorna —

Bräsig (lachend). Wie't Ledder is, Jochen.

Jochen (nickt). Ja, Bräsig (raucht weiter).

Frau Nüßler. Ick kannt nich glöwen. Dat wär schön! Da sullen mi de jungen Herrn noch hüt ut'n Huus. Aewer wi sull denn dat — Bräsig.

Bräsig. Madame Nüßlern?

Frau Nüßler. Sei sind doch so klauk. Hevt Sei wat markt?

Bräsig (wichtig). Hören Sie mich genau zu! Madame Nüßlern. Was die Liebe is, entspinnt sich zuerst ümmer in'n verborgenen Zustand, meineswegen mit'n Blaumenstruuß, oder, daß sich en Paar gun Morgen sagen un drücken sich dabei die Hände, oder, daß sich en Paar zu gleiche Zeit nach en Klugen Bommull bücken un stoßen sich dabei die Köpp zusammen, oder, daß die Paare in Mondschein spatzieren gehn un süßzen. Is dat mit das lütte Kroppzeug all passirt?

Frau Nüßler. Ja, wi sall ick dat wäten?

Bräsig. Hm! Ich will Sie was sagen, Madame Nüßler. Ich bün en ollen Jäger un spür ihnen ins Lager nach. Aber ich muß wissen, wo das junge Volk am Tage zusammen zu treffen is.

Frau Nüßler. Töwen Se mal. Mining und Lining sitt hier gewöhnlich na Disch un neiht, un benn koamt auk de beiden Kandibaten hierher und klöhnt mit jem. Ick hev mi dorbi nix Slümmes dacht.

Bräsig. Schön, Madam Nüßler, ich habs schon. (Sieht nach dem Baum, der in der Mitte steht.) Ich krieg die Leiwsgeschichte raus. Werden Lining und Mining auch heut hier —

Frau Nüßler. Vielleicht all in en viertel Stünn.

Bräsig. Na, benn drücken Sie sich man ins Haus. Aber Du, Jochen, bleibst in die Nähe. Ich brauche Dir noch. — Un nu,

Madame Nüßlern, Pascholl, wie die Kosacken sagten, als Napullion in Moskau en Brand hatte.

  Frau Nüßler. Bräsig, Sei sind en ollen truen Fründ von uns. Dauhn Sei ähr Bestes.

  Bräsig (drückt ihr die Hand). Verlassen Sie sich auf den (deutet auf seinen Kopf). Ich kriegs raus.

    (Frau Nüßler ab ins Haus).

Bräsig. Nu komm mal her, Jochen, ich brauche Dir.

Jochen. Wotau?

Bräsig. Ich will auf den Baum klebbern.

Jochen. Aewer wat sall ick dorbi dauhn?

Bräsig. Das will ich Dir weisen. Mach Dir mal krumm un holl Deinen Dickkopp gegen dem Baum.

Jochen. Aewer Bräsig, wat —

Bräsig. Swieg still, Jochen, und redt nicht so viel (drückt ihn gegen den Baum nieder). Nu stah fast, Jochen (klettert ihm auf den Rücken).

Jochen. Aewer, Bräsig, wullt Du Pierd mit mi spälen?

Bräsig. Du sollst gleich sehen, wat ick will. Richt Dir mal in der Höchte.

Jochen. Dat kann ick woll dauhn.

Bräsig. Daß Du die Nase ins Gesicht behältst, es langt grade (klettert in den Baum). So, da sitz ich.

Jochen (verwundert). Aewer, Bräsig, de Kirschen sind ja noch nicht riep.

Bräsig. Schaafskopp, glaubst Du, daß ich Deine sauren Kirschen plücken will?

Jochen. Aewer, wat wullt Du benn da baben?

Bräsig. Mach', dat Du wegkummst, un stah hier nicht vor bem Baum, wie en Hund, de en Katt anbellt.

Jochen (steht noch einen Augenblick mit offenem Munde da, dann sagt er ruhig) Ja, wat soll ick dorbi dauhn?

    (Geht langsam zur Seite ab.)

## Dritte Scene.

### Bräsig (allein).

Also verleiwt! Na, daß die Mining den smucken Bengel, den Rudolph in ihre Gemütblichkeit geschlossen hat, das kann ich begreifen, aber daß Lining ihre Augen auf den Petisten mit de magere Constitution und de Flaßhaare gesmissen, das erscheint mich wie eine Verkehrtheit von die menschliche Natur. Denn wenn man den Petisten in die Erbsen stellt, geht kein Sperling hinein. Na, das is nu freilich Gustibum Zuckerkantium, wie die Gelehrten sagen. Halt, da rührt sich was. Ruhig Blut!

## Vierte Scene.

Lining und Mining (mit Näbzeug aus dem Hause). Bräsig (auf dem Baum).

Lining (leise). Die Muter sah so böse aus — daß sie nur nichts merkt. — Sie müssen gleich hier sein. Ach, wenn wir doch nur einmal zum Ziele kämen. Ich kann es gar nicht erwarten, Frau Pastorin zu heißen.

Mining (ebenfalls halblaut). Da denke ich anders, mir wäre es lieber, wenn Rudolph den geistlichen Stand an den Nagel hinge, da er doch selbst keine Neigung dazu hat.

Lining. Freilich, angeln geht ihm über studiren und gottesfürchtig ist er auch nicht, sonst hätte er meinem Gottlieb nicht den häßlichen Streich mit der Predigt gespielt.

Mining. Schilt nicht auf ihn, er ist offen und fröhlich, wenn auch mitunter ein wenig übermütig. Aber da schwatze ich von meinem Rudolph, Du von Deinem Gottlieb, und dabei hat weder der eine noch der andere sich erklärt und wir wissen nicht woran wir sind.

Lining. Vielleicht daß heute —

Mining (rasch). Meinst Du — weißt Du etwas?

Lining. Gottlieb fragte mich heute Morgen, ob ich auch Nachmittags in die Laube käme, er habe mir etwas Wichtiges mitzutheilen.

Mining. Dasselbe hat Rudolph auch gesagt.

Lining. Heute also — heute! Wenn der fromme Gottlieb nur nicht den Muth verliert.

Mining. Für Rudolph ist mir nicht bange.

Lining. Ich sehe ihn kommen —

Mining. Gottlieb? Dann ist mein Sausewind auch nicht weit. Vorläufig lasse ich Dir das Feld allein.

Lining. Was sie nur sagen werden?

Mining. Das ist nicht schwer zu errathen. Gottlieb: Caroline Nüßler, willst Du in Gott meine ehrsame, christliche Hausfrau werden? und Rudolph: Diern, wullt Du, oder wullt Du nich? Und nun, Gottlieb zum ersten, zum zweiten und zum drrr—itten. Glück damit! (Ab ins Haus.)

Bräsig. Sehr lange halte ich das hier nich aus, der Stuhl is ein Bischen knubbrig. — Aha! der Petisse!

Lining (hat sich in die Laube links gesetzt).

### Fünfte Scene.

Bräsig. Lining. Gottlieb (lang, mager, schmalbäckig, langes, schlichtes, semmelblondes Haar, hinter die Ohren gekämmt. Langer, schwarzer Oberrock, Hut mit breitem Rand, ein Buch unterm Arm).

Lining. Da ist er. Wie mir das Herz pocht.

Gottlieb (immer im gemessenen Tone). Sie hat meine Bitte erfüllt und sitzt in der Laube, ein Zeichen, daß sie mir wohlgeneigt ist. Schön ist sie wie die Rose Sarons und lieblich wie Rebecca, Bethuels frommes Töchterlein. (Geht zu ihr.) Erlaubest Du wohl, liebe Lining, daß ich mich zu Dir setze und sehe wie Du fleißig regest die Finger Deiner Hand?

Lining. Gern, guter Gottlieb!

Bräsig. Töw!

Gottlieb (für sich). Heute muß ich mir ein Herz fassen (Setzt sich zu ihr, laut). Siebe, da habe ich ein schönes Buch mitgebracht. Willst Du mir gestatten daraus vorzulesen?

Lining. Mit Vergnügen, denn das verstehst Du meisterlich.

Bräsig. Daß Du die Nas — ich schlafe immer dabei ein.

Lining. Das ist wohl ein Predigtbuch?

Bräsig. Na, ne Leiwsgeschichte wirds woll nich sein.

Gottlieb. So etwas dergleichen. Ein frommer Pfarrer hat es geschrieben. Es handelt von der christlichen Ehe, was sie bedeutet, und wie christliche Eheleute sich gegen einander verhalten sollen.

Bräsig. Dummer Kerl! Se sollen sich vertragen un nich mit einander schandiren.

Lining (bei Seite). Ich merke, wo er hinaus will. (Laut.) Sicher wird darin die Ehe als ein Paradies geschildert.

Gottlieb. Höre nur das erste Kapitel! (Liest laut im Predigertone mit erhobener Stimme.) Der Ehestand, meine lieben Freunde, ist ein Wehestand!

Lining (unterbricht ihn erstaunt). Wie?

Bräsig. Ist der Petiste verrückt geworden?

Gottlieb. Ich bitte Dich, mich nicht zu unterbrechen, gute Lining. (Liest weiter.) Dee Ehestand ist ein Wehestand; denn er ist eine schwere Bürde, das heißt, im christlichen Sinne. Er ist verknüpfet mit Mühe und Arbeit, mit Sorgen und Leiden. Geduldig und ergeben mag er sich noch ertragen lassen, wenn er nicht von Unglück und Krankheit getrübet wird. Wehe aber, so dem Manne, wie dem Weibe, wenn das Fieber, oder eine andere böse Seuche, einen Theil davon ergreifet und aufs Siechbette lange darnieder strecket, oder wenn die Kindlein zu Schaden kommen, verkrüppeln, oder gar sterben, oder, wenn die Armuth über die Eheleute kommt, wie ein drohendes Gespenst, und der Hunger sie angrinzt mit dem Gebisse eines wilden Thieres; dann heißt es nicht verzagen und nicht klagen, nicht heulen und zähneklappern, sondern sich fügen in den Willen des Herrn, weil die Ehe einen Theil des Fluches bildet mit dem er Adam und sein Weib Eva aus dem Paradiese getrieben hat.

Lining (die ihm erst mit Erstaunen, dann mit steigender Angst zugehört, bricht endlich in Thränen aus). Ach Gott, ach Gott! das ist ja zu schrecklich.

Bräsig (oben). Daß Du die Nase ins Gesicht behältst. Ich danke Gott, daß ich keine von meinen drei Brautens gekriegt habe.

Gottlieb (der Athem geschöpft, schlingt seinen Arm um Lining). Ich darf Dich nicht schonen in dieser feierlichen Stunde, habe Dir geschildert, was Deiner harret und nun frage ich Dich, Jungfrau Caroline Nüßler, willst Du unter diesen christlichen Bedingungen mein ehrsames Eheweib sein?

Lining (weinend). Mich schaudert! Was hast Du mir da vorgemalt! Ach Gott! ach Gott!

Gottlieb. Es war meine Pflicht, Dich auf die Zukunft vorzubereiten, und nun frage ich Dich noch einmal —

(Man hört in der Ferne rechts Rudolph singen.)

Rudolph. Fischlein im Silberbach
Schwimmet dem andern nach
Fischlein so grau,
Sucht eine Frau.

Lining (erschrocken). Rudolph! Er kommt hierher — laß mich, Gottlieb, laß mich! (läuft weinend links hinter dem Hause ab).

Gottlieb. Aber gute Caroline, so höre doch! Ich habe Dir ja den Ehestand so schön geschildert.

(Geht ihr mit langen Schritten nach.)

## Sechste Scene.

Bräsig (allein).

Hat jemals ein anderes vernünftiges Minschenkind so üm ein Mäbchen gefreit, wie dieser Petiste? Wenn Lining ihn nu noch nimmt, da muß ein Wunder geschehen!

## Siebente Scene.

Bräsig. Mining (aus dem Hause mit Nähzeug).

Mining. Ich hörte Rudolph singen, er kommt. Vor der Hand aber thue ich, als wenn ich ihn gar nicht sehe (setzt sich in die Lau berechts).

Bräsig. Da is auch der andere Druwappel. Eine Leiwsgeschichte hab' ich raus. Nu kommt Nummer Zwei. Wenn die Geschichte man nicht zu lang dauert; mich fangen die Knochen an weh zu thun.

## Achte Scene.

Die Vorigen. Rudolph (sommerlich leicht gekleidet, mit einer Angelruthe und einem Netze, worin Fische, von rechts aus dem Hintergrunde).

Rudolph (sieht nach der Laube rechts). Aha! da sitzt sie schon. (Tritt an sie heran). Süße Mining.

Mining. Ach! — Rudolph! — Du bist recht lange ausgeblieben.

Rudolph. Konnte nicht früher kommen, der Fisch biß so schön. War heute bei dem schwarzen Soll, wo Bräsig immer fischt. Habe die Stelle glücklich ausgewittert. Sieh mal die prächtigen Kerle. (zeigt das Netz).

Bräsig. Entfahmter Kujon! fischt mich meine Sli weg.

Mining. Soll ich die Fische ins Haus tragen?

Rudolph. Nein, das hat keine Eile. Bleibe sitzen, Minchen. Ich habe Dir noch viel zu sagen (setzt sich zu ihr).

Bräsig. Nu sett sick dat Unbier, auch in die Lauw, un ick muß hier oben kuschen,

Mining (nähend). Was denn, Rudolph?

Rudolph. Was mir schon lange auf dem Herzen liegt.

Mining. Vielleicht die Reue über den häßlichen Streich, den Du neulich dem armen Gottlieb gespielt hast?

Rudolph (lachend). Was schlecht! Ein dummer Streich war's, das will ich zugeben. In meinem Muthwillen dacht' ich blos an das Schaafsgesicht, das Gottlieb machen würde.

Mining. Aber der Herr Pastor sagte, wenn er es anzeigte, bekämst Du in deinem Leben keine Pfarre.

Rudolph. Er soll's nur thun. Dann wär' ich auf einmal aus der Dinte raus.

Mining. Ist das Dein Ernst?

Rudolph. Ganz gewiß! Ich habe das erste und letzte Mal auf der Kanzel gestauden.

Mining (erstaunt). Rudolph!

Rudolph. Siehst Du, Mining, das ist's, was ich Dir ver=

trauen wollte. Blicke Gottlieb an und mich und dann sage, ob ich zum Pastor geschaffen bin.

Bräsig. Als eine Stimmung von baben, spreche ich: Nein!

Mining. Aber was willst Du denn sonst werden, Rudolph? Ach, nur nicht Soldat!

Rudolph. Behüte! Landmann, Landmann, Mining, und nichts anders als das!

Bräsig. Ein verfluchter Bengel!

Mining. Was hör' ich?

Rudolph (ihre Hand fassend). Ja, mein kleines süßes Mining, ein rechter Landmann, und Du sollst mir dazu verhelfen.

Bräsig. Sie soll ihm wohl hacken und eggen lernen?

Mining. Wie das, Rudolph?

Rudolph. Wenn ich weiß, daß Du einst meine kleine Frau werden willst, so wird mir die Lehrzeit keine Arbeit sein. Du schweigst, Mining — (umfaßt sie).

Mining (verschämt). Ach, Rudolph, lieber Rudolph —

Rudolph. Laß mich doch nicht so lange bitten. Sage mir, daß Du mich lieb hast.

Mining (wie oben). So was sagt man doch nicht gleich.

Rudolph. So laß Deine treuen sanften Augen, laß Deinen Kuß für Dich sprechen (umarmt sie).

Bräsig. Das hält der Deibel aus. Macht fixing zu.

Rudolph. Und nun keine Ziererelen mehr! Donnerwetter, Diern, wullt Du ober wullt Du nich?

Mining (klatscht fröhlich in die Hände). Hab' ich's nicht gesagt? (den Kopf an seine Brust legend). Ja, Rudolph, von ganzem Herzen!

Rudolph (aufspringen). Juchhe! Noch heute rede ich mit meinem Vater. Freilich, es wird einen harten Kampf kosten, denn er hat sich auf den Pastor gespitzt. Schade, daß Bräsig nicht zur Stelle ist, der könnte mir beistehen, den Alten herumzukriegen.

Bräsig. Wenn er wüßte, dat ick hier op'n Ast rieden dau!

Mining. Onkel Bräsig ist ja hier. Mutting sagte es mir. Er hält wahrscheinlich Mittagsruhe.

Bräsig. Das nennt das Kroppzeug Middagsrauh.

Rudolph. Also nachher! Auf seine Hülfe kann ich rechnen, denn er schätzt seinen Stand über Alles. Minchen, süßes Minchen, wir sind einig.

Mining (nickt). Mit Herz und Hand. (Beide umarmen sich.)

### Neunte Scene.

Die Vorigen. Gottlieb und Lining. (Arm in Arm von links.)

Gottlieb. Wenn es so steht, lieber Rudolph, so habe ich Dir auch eine Braut vorzustellen (deutet auf Lining). Hier siehst Du mein künftiges christliches Eheweib.

Rudolph und Mining. Wie, Lining, ist das wahr?

Lining (verschämt). Mein frommer Gottlieb wird doch keine Unwahrheit sprechen.

Bräsig (schüttelt den Kopf). Die Weibsleut' haben oft eine kurjose Geschmacklichkeit.

Mining. So gratulire ich von Herzen, liebe Schwester.

Rudolph. Das können wir Alle gegenseitig abmachen. Aber nun muß ich Onkel Bräsig sprechen. Sein Segen ist mir wichtiger, als Ihr denkt.

Bräsig (der sich zu weit vorgestreckt hat, verliert das Gleichgewicht, fällt, hält sich aber mit beiden Händen an einen Ast, so daß seine Beine frei in der Luft hängen, schreit). Ja, Kroppzeug, ich segne Euch. Aber holt mich eine Ledder, daß ich mir nicht die Knochen laborire.

Alle (erstaunt, dann lachend). Hahaha! Onkel Bräsig im Baum!

Bräsig. Hol Euch der Deibel mit Eure Leiwsgeschichten! de Ledder! de Ledder!

Gottlieb und Rudolph. Ja, ja, gleich. (Sie laufen zur Seite ab. Die Mädchen folgen.)

Bräsig (schreit). De Ledder! be Ledder!

Indem Rudolph und Gottlieb, gefolgt von den lachenden Mädchen, mit einer langen Leiter herbeieilen, fällt der Vorhang.

## Vierter Aufzug.

Zimmer wie im zweiten Aufzuge.

### Erste Scene.

Bräsig. Hawermann.

Bräsig. Aber sage mich, Korl, was is mich das mit Dich? Seit vierzehn Tagen bin ich nich hier gewesen, denke hier is Alles in schönster Ordnung, un nu kommst Du mich so? Denn Du bist ja in eine Aufreglichkeit —

Hawermann (heftig). Muß ich's nicht? Werde ich nicht gekränkt, verkannt, von dem Manne, für den ich arbeite wie für meinen eigenen Sohn?

Bräsig. Das weiß ich lange. Aber was is benn wieder passirt?

Hawermann. Auf Befehl des Herrn von Rambow habe ich den Tagelöhner Regel mit 2000 Thalern in Gold nach Rostock geschickt, und das Geld ist dem wahrscheinlich betrunkenen Menschen unterwegs gestohlen worden. Ich zweifle nicht, daß es so ist, denn Jeder schwört auf Regels Redlichkeit.

Bräsig. Natürlich — weiter.

Hawermann. Nur nicht der Herr Baron. In spitzen Reden scheint er andeuten zu wollen, daß ich einen ganz besondern Grund haben müsse, Regel in Schutz zu nehmen. Nun will auch das Unglück, daß der arme Teufel, wahrscheinlich aus Furcht vor schwerer Strafe diese Nacht aus dem Gemeinde-Gefängnisse ausgebrochen ist, und Herr von Rambow wird natürlich glauben —

Bräsig. Dann wäre er en großer Schaafskopf, Korl. In ganz Mecklenburg läuft ja kein ehrlicherer Mensch in Smierstiebeln herum, als Du büst, Korl. Aber ich weiß schon, wer Deinen Theekessel von Herrn die Verdächtigkeit eingegossen hat. Kein Minsch anners als Pomuchelskopp. Wahrhaftig, es macht mich immer Treffs Coeur, wenn ich den Namen aussprechen muß.

Hawermann. Du hast Recht, Zacharias. Er ist sein böser Engel, wie er meiner war. Herr von Rambow hat große Summen von ihm geliehen. Die Verfallzeit ist nicht mehr fern, Pomuchelskopp wird seine Kapitalien aufkündigen und vermuthlich auch laufende Wechsel an sich zu bringen suchen. Kommt dann keine Hülfe, so muß das Gut verkauft werden und —

Bräsig. Pomuchelskopp setzt sich in die Woll'. Töw, Spitzbube, solche Pfiffigkeiten kennen wir. Dein Herr hat übrigens sein Schicksal verdient, stößt ehrliche und kluge Leute vor den Kopp und läßt sich mit Hallunken ein.

Hawermann. So dachte ich auch zuweilen, aber dann auch wieder an seinen braven Vater, an seine Frau, die ein Engel von Herzensgüte ist, doch leider keine Macht über ihn hat. Ich kann's nicht mit ansehen, daß zu Grunde gehen soll, was ich lebendig gehalten so lange Zeit. Ich werde meine Entlassung fordern und zum neuen Quartal abgehen.

Bräsig. Kann ich Dich nich verdenken, Korl.

Hawermann. Bis dahin kommt auch Franz zurück, übernimmt sein Gut, führt meine Louise heim, ich ziehe zu den Kindern —

Bräsig. Un lebst wie Gott in Frankreich. Ich ziehe denn auch zu Dich, Korl, denn ohne mir kannst Du ja gar nicht vegetiren.

Hawermann. Ja, Zacharias, so soll's sein. De olle Fründschaft.

Bräsig. In Lebendigkeit un Dodigkeit. Un das letzte Viertel von unser Leben, das soll das Beste an dem ganzen Ochsen sein (sie umarmen sich).

Hawermann. Nun aber muß ich meine Bücher in Ordnung bringen, und die letzten Monate noch einmal durchrechnen.

Bräsig. Ich helfe Dich, Korl, denn geht es schneller. Du

weißt ja, in die Firigkeit war ich Dich über, blos in die Richtigkeit warst Du mich —

Havermann (wider Willen lachend). Weiß — weiß — und in der Orthographie, Zacharias, in der Orthographie —

(Beide ab links.)

### Zweite Scene.

Axel. Pomuchelskopp (von rechts.)

Pomuchelskopp. Beruhigen Sie sich, Herr Nachbar, Sie sind ein reicher Mann und können die 2000 Thaler leicht verschmerzen.

Axel. Allerdings, nur der Verlust des Geldes gerade in diesem Augenblick setzt mich in peinliche Verlegenheit.

Pomuchelskopp. Wozu bin ich denn da?

Axel (erfreut). Sie wollten —

Pomuchelskopp. Das Geld steht selbstverständlich zu Ihrer Disposition.

Axel. O, Sie allein sind mein echter, mein wahrer Freund.

Pomuchelskopp. Es wäre eine Sünde, daran zu zweifeln. Nur muß ich diesmal eine kleine Bedingung stellen.

Axel. Ich willige in Alles.

Pomuchelskopp. So entfernen Sie den Mann, der mich bei Ihrer Frau Gemahlin so schändlich verleumdet hat. Der alte Heuchler ist Ihr Hemmschuh nicht nur, sondern auch Ihr Unglück. Die 2000 Thaler wären wohl nicht verloren gegangen, wenn — (zuckt Achseln). Ein juristischer Beweis freilich und ein moralischer sind zweierlei, aber denken darf man wohl, was man will.

Axel. Hm! Auch ich kann mich eines gewissen Verdachtes nicht erwehren, und wenn nicht meine Frau —

Pomuchelskopp. Je nun, der Mann muß wissen, was er zu thun hat.

Axel. Sie haben Recht; er soll fort, mein Wort darauf.

Pomuchelskopp (für sich). Endlich! (laut.) Ich hole das Geld und komme bald zurück. (Ab d. d. Mitte.)

## Dritte Scene.

### Axel (allein).

Sei es gleich gethan. Der alte Patron, der für meine neuen Einrichtungen nichts als Worte des Tadels hat, war mir schon lange im Wege. Mag er mit dem entflohenen Verbrecher zusammenhängen oder nicht — und ernstlich glaube ich es kaum — er soll endlich erkennen, wer der Herr ist auf Rambow, er oder ich — —

## Vierte Scene.

### Axel. Hawermann.

Axel (für sich). Da ist er. Ich weiß nicht, ich fühle mich befangen beim Anblick des grauen Hauptes, das so lange über meiner Jugend stand.

Hawermann. Gut, daß ich Ihnen hier begegne, Herr von Rambow. Ich bitte mir ein paar Augenblicke zu schenken.

Axel. Was wollen Sie?

Hawermann. Nichts als Ihnen sagen, daß ich Ihr Gut zum neuen Quartal zu verlassen wünsche.

Axel (für sich). Wetter, er kommt mir zuvor. (laut). Ich habe nichts dagegen, nicht das Mindeste. Für gutes Geld sind gute Inspektoren genug zu haben, auch ehrliche.

Hawermann. Gewiß, Sie werden nicht in Verlegenheit kommen. Was mich betrifft, so sehne ich mich nach Ruhe und gedenke gegen Ostern zu meinem Schwiegersohn zu ziehn.

Axel (spöttisch). Ah, die holde Louise hat wohl einen recht reichen Mann gefunden?

Hawermann. Einen guten, dessen Herz ich kenne, wie mein eigenes, denn er hat mehrere Jahre hier unter meiner Aufsicht gelebt.

Axel. Wie? Wer wäre denn das?

Hawermann. Ihr Vetter, Franz von Rambow.

Axel (heftig). Nimmermehr, das dulde ich nicht.

Hawermann. Wer wollte es hindern?

Axel. Ich — ich selbst. — Eine solche Mesalliance in meiner Familie! Beschimpft mein altadliges Geschlecht —

Hawermann (heftig). Herr von Rambow, wahren Sie Ihre Zunge, sonst, bei Gott, vergesse ich, daß Sie mein Herr, und ich — noch Ihr Inspektor bin.

Axel. Gut — gut. Das wird sich finden. Uebrigens würden Sie mir eine Gefälligkeit erweisen, wenn Sie mein Haus noch heute verlassen wollten.

Hawermann. Das sollen Sie mir nicht zweimal gesagt haben. Zahlen Sie mir meinen Gehalt aus und ich verlasse einen Ort, wo man lang bewährte Dienertreue mit empörendem Undank belohnt.

Axel. Man hat Sie bezahlt, Herr Hawermann, und reichlich genug für das, was Sie geleistet. Liefern Sie die Bücher ab; sobald Ihre Rechnungen in Ordnung befunden sind, erhalten Sie Ihr Geld.

Hawermann. Ich werde sie Ihnen selbst vorlegen. Was ich von Ihrem Hochmuthe erlitten, verzeihe ich um Ihrer Gattin willen, die ein besseres Schicksal verdient hätte, als ihr jetzt bevorsteht.

(Ab links.)

## Fünfte Scene.

Axel, dann Frida (von rechts).

Axel. Der Unverschämte! Bedächte ich nicht seine Jahre — so — —

Frida (tritt auf). Lieber Axel, unsere Kleine ist eben aufgewacht! Willst Du sie nicht küssen? Aber was ist Dir? Du scheinst so aufgeregt. Was hat's gegeben?

Axel. Nur eine kleine Scene mit Deinem lieben Herrn Inspektor, der es wagt, mir ins Gesicht zu sagen, mein Vetter Franz werde seine alberne Tochter heirathen.

Frida. Louise ist ein vortreffliches Mädchen. Ich habe sie bei den Pastorsleuten kennen gelernt, und ihr die Liebe einer Schwester geschenkt.

Axel. O ja, das Volk versteht's! Wie die Dirne meinen Vetter ins Netz gelockt, hat sie auch Deinen sonst so klugen Sinn zu berücken gewußt. Vater und Tochter, die eine wie der andere. Nun, mit ihm habe ich wenigstens ein schnelles Ende gemacht.

Frida. Wie deut' ich das?

Axel. Ich hab' ihn abgelehnt.

Frida. Axel — das ist ja nicht möglich.

Axel. Ich habe gehandelt nach Recht und Pflicht, denn nicht länger ertrage ich die Selbstüberhebung eines Menschen, den ich sogar in Verdacht haben muß —

Frida (rasch einfallend). Um Gottes willen, sprich das schreckliche Wort nicht aus, das einen Ehrenmann mit unverdienter Schmach befleckt. Axel, Du bist so gut, so edel, und nur gegen diesen einen Mann voll Vorurtheil und unverdienten Haß. Sieh, ich habe ihn beobachtet, seinen Fleiß, seine Rechenschaft nicht nur anzuerkennen, nein, bewundern gelernt. Ich weiß, wie die Arbeiter von ihm denken. Keiner, selbst der ärmste nicht, der nicht für ihn sein Leben wagen würde. Deinem Ohre aber sind diese Stimmen verschlossen. Du hörst die eine nur, jenes Menschen, der Dir Freundschaft heuchelt und selbst die Scheite trägt zu dem Holzstoß, der Dich vernichten soll und unser aller Glück. Axel, bei Deiner Liebe zu mir, zu Deinem Kinde, thu' ihn zurück, den Schritt, der Deinen guten Engel aus dem Hause treibt.

Axel. Genug — ich weiß, woran ich bin und kann nicht anders handeln. Nur der ist mein Freund, der mir in der Bedrängniß seine hülfreiche Hand freiwillig bietet. Komm, Frida, zu unserm Kinde. Sein Lächeln wird Dich wieder heiter stimmen.

Frida. Das hoffe nicht. Der Ernst ist eingezogen, Axel, ich fühle es, Du armer, Du lieber Verblendeter, der Ernst für jetzt und immerdar.

(Beide ab rechts.)

## Sechste Scene.

Hawermann (von links mit einem Paar Wirthschaftsbüchern. Es fängt an zu dämmern).

Hawermann. Nun mag er kommen, der Herr Baron. Er wird Alles in der besten Ordnung finden. Also das wäre das Ende.

Haft Recht, Zacharias! Undank ist der Welt Lohn! — Aber weh thut's doch, so von dem Guten, so von dem Sohne des Mannes scheiden zu müssen, der mich auf dem Sterbebette seinen einzigen Freund genannt.

### Siebente Scene.

Havermann.  Päsel (durch die Mitte).

Päsel (mit einem Briefe). Ein Breiv vor den Herrn Entspekter. (Geht ab.)

Hawermann (besieht die Adresse). Von Franz! — Ein Sonnenstrahl nach der Gewitternacht. (öffnet den Brief und liest). Ja, ja, er ist treu geblieben — in drei Monaten trifft er ein, um meine Louise heimzuführen. Nun tröste Dich Alter. Der Kampf bleibt hinter Dir und draußen steht der Friede, der den Abend Deines Lebens mit Segen verklärt.

### Achte Scene.

Hawermann. Fritz (durch die Mitte. Er trägt einen Mantelsack in der einen, ein Gewehr in der andern Hand und unter dem Arm Bücher, die er auf den Tisch legt, wo die Wirthschaftsbücher liegen).

Fritz. Herr Inspektor, hier ist die neue Jagdflinte, die der Förster nachgesehen und geladen hat (stellt sie an einen Stuhl). Ich fahre heute Abend nach Demmin mit allerhand Besorgungen für den Herrn. Soll auch die Lesebücher für die gnädige Frau und Mamsell Müller umtauschen. Haben Sie vielleicht einen Auftrag für mich?

Hawermann. Nein, lieber Fritz. Sie werden überhaupt keinen Auftrag mehr von mir erhalten; denn ich bin ihr Inspektor nicht mehr.

Fritz (erstaunt). Aber, Herr Inspektor, wie ist denn das auf einmal gekommen?

Hawermann. Wie denn so Manches kommt. Der Herr Baron und ich, wir passen einmal nicht mehr zusammen.

Fritz  Das thut mir wirklich leid, Herr Inspektor.

Hawermann. Ich glaube Ihnen. Sie sind von Herzen kein schlechter Mensch. Suchen Sie ein tüchtiger Oekonom zu werden, damit ich sagen kann, daß Sie meiner Erziehung Ehre gemacht haben. Geben Sie mir die Hand darauf.

Fritz (schlägt in Hawermanns dargebotene Hand ein). Mit tausend Freuden!

### Neunte Scene.

Die Vorigen. Päsel (durch die Mitte).

Päsel. Herr Entspekter! Ach koamen Sei doch mal runner in'n Stall. De braune Stut hatt den Stalljungen mit den Achterfaut slagen. Tei arme Krischan jammert gor erbärmlich. Seihen Sei doch mal tau.

Hawermann. Nun, hoffentlich wird es nicht schlimm sein. Im Nothfall kann ich ihn selbst verbinden. (Legt die Bücher auf den Tisch und geht mit dem Knechte durch die Mitte ab).

### Zehnte Scene.

Fritz (allein).

Wie gern hätt' ich ihn Vater genannt, denn seine Louise — — Ach, es wühlt noch immer in meinem Jünglingsbusen, wenn ich an sie denke. Indessen — ein süßer Trost ist mir geblieben. Mamsell Müller hat mir die Speisekammer wieder aufgeschlossen, und wenn das Herz auch leidet, der Magen spricht: O, Königin, das Leben ist doch schön.

### Elfte Scene.

Fritz. Mamsell Müller (durch die Mitte).

M. Müller. Na, Musche Fritz, noch nicht fort? Dei Pier sünd all verspannt.

Fritz. Ich habe blos auf Sie gewartet, schöne Müllerin. Kann doch nicht ohne Abschied — Was haben Sie mir denn in den Wagenkasten gelegt?

M. Müller. En ganze halbe Goos.

Fritz (entzückt, umarmt sie). Gans! wie liebe ich sie —

M. Müller (stößt ihn zurück). War, Sei unterstahn sick, mi en „Gans" —

Fritz. Bewahre, ich liebe sie, mit 'm kleinen f — die Gans mein ich.

M. Müller. Ach so! Na denn dörrt Sei ook — (hält ihm die Backe hin).

Fritz (bei Seite). Die Knochengabe zum Fleischgeschenk. (küßt sie mit saurem Gesicht, dann laut). Aber die Gans allein — das rutscht nicht.

M. Müller (freundlich). Weit ick. En Buddel Wien in de koale Nachluft holt den Magen warm.

Fritz (entzückt). Müllern, wie reizend sehn Sie doch im Dämmerlicht aus! Eine ganze Flasche?

M. Müller (zärtlich). Malaga!

Fritz. O, der schmeckt süß, wie, wie —

M. Müller (wie oben). Wie mine Kaspeern, nich wahr? (deutet auf ihren Mund.)

Fritz (bei Seite). Pfui Teufel! (laut). Ach ja, Sie habens errathen!

M. Müller. För den schönen Bergkleck föhlt Se ook noch een hebben. (Hält ihm aufs Neue die Backe hin.)

Fritz (rasch). Holde Beherrscherin der Speisekammer, nun hab' ich keine Zeit mehr. Fortsetzung folgt morgen. Was für Lektüre soll ich Ihnen mitbringen?

M. Müller. So'n bitten Romantsch.

Fritz. Die seufzende Jungfrau um Mitternacht?

M. Müller. Ne, nix von Jungfern! (hochdeutsch.) Der liebende Jüngling auf dem Meere des Lebens. (plattdeutsch.) Ick denk dabei denn an mien Fritz, wenn bei Sünndags de geelen Stulpen drigt.

Fritz. Der liebende Jüngling wird nicht zu Hause sein — wird stark gelesen —

M. Müller. Na, denn wat Anners. Aber Romantsch mut dat sien.

(Man hört eine Klingel im Nebenzimmer rechts.)

Fritz (schnell). Das ist beim Herrn. Wird mir noch etwas

zu sagen haben. Liebe Müllern, packen Sie mir doch die Bücher in den Mantelsack. Bin gleich wieder da (rechts ab).

### Zwölfte Scene.

#### Mamsell Müller (allein).

(Steckt sämmtliche Bücher, die auf dem Tisch liegen, dazwischen Hawermanns Rechnungsbücher, in den Mantelsack.) Is doch en netten Minschen, bei Triddelsitz. Blos een Fehler hett hei: Hei is erst nägenteinmal to Welt kamen. (Seufzt) Worüm habe ich diesen Jüngling nich tein Jahr fröher kennen lehrt?

### Dreizehnte Scene.

#### Mamsell Müller. Fritz.

Fritz. Ich soll dem Herrn ein Paar neue Sporen aus Demmin mitbringen. Haben Sie eingepackt, Müllern?

M. Müller (giebt ihm den Mantelsack). Abl wat op'n Tisch wör.

Fritz. Na denn Abieu, Marie. Ist die Gans braun gebraten?

M. Müller. Brubn, w'e Kastanien.

Fritz. Sie Engel, Sie! Und der Malaga recht süß?

M. Müller. Wie de Herr em drinkt.

Fritz (zärtlich). Göttin! Sie steigen von Tag zu Tag mehr in meiner Achtung. Noch einmal Abieu!

M. Müller. Abjüs benn, Engel! Se warn doch hüt Nacht an mi denken?

Fritz (zärtlich). Wenn ich die braune Gans auspacke, werden Sie vor meiner Seele stehn! (Geht mit dem Mantelsack durch die Mitte ab. Mamsell Müller begleitet ihn bis zur Thüre, kehrt bann zurück und zündet die Lampe an).

### Vierzehnte Scene.

#### Mamsell Müller (allein).

Am Enn'n krieg id em doch noch. Sit hei weit, dat dat dumme

Gör, be Lawise, den jungen Herrn von Rambow heiraten deiht, da is he ümmer webber achter mi her. Un ick hev ja ook en Mittel em saftobollen. Dat is de Spiesskammer, un de Spickgans unser Natschonal-Gericht. (Geht durch die Mitte ab.)

### Fünfzehnte Scene.
#### Axel und Pomuchelskopp (von rechts).

Axel. Noch einmal meinen herzlichsten Dank, Herr Nachbar, Sie haben mir eine große Verlegenheit erspart. Jetzt aber will ich mit dem saubern Herrn Inspektor abrechnen.

Pomuchelskopp. Nun, nun, die Bücher werden schon in Ordnung sein. Das läßt sich Alles machen, wenn man rechnen kann.

Axel (geht ans Nebenzimmer links, stößt die Thüre auf und ruft hinein). Herr Hawermann!

### Sechszehnte Scene.
#### Die Vorigen. Hawermann.

Hawermann. Was steht zu Diensten Herr Baron?
Axel. Haben Sie die Rechnungen aufgemacht?
Hawermann. Ja, Herr Baron.
Axel. So geben Sie die Bücher.
Hawermann. Sogleich. Ich legte sie vorhin hierher (geht an den Tisch). Was ist das? Sie sind fort. Mein Gott! ich weiß doch gewiß, daß ich sie —
Axel (ungeduldig). Die Bücher, schnell!
Hawermann. Nur einen Augenblick Geduld, Herr Baron, ich muß mich besinnen (legt die Hand an die Stirn). Sollt ich sie wieder mit hinein genommen haben? Es ist möglich! Aber ich bin doch sonst nicht so zerstreut (geht schnell ins Zimmer links).
Pomuchelskopp (hämisch). Die Bücher nicht da! Ei, ei.
Axel (sieht ihn an). Sie meinen?
Pomuchelskopp Daß es seltsam ist, wenn sie grade in dem

Augenblick fehlen, wo man abrechnen soll. Je nun, sie werden sich schon finden.

Axel. Das will ich auch hoffen, sonst —

Pomuchelskopp. Sonst ist der Herr Inspektor nicht das, wofür er sich ausgiebt.

Hawermann (kehrt blaß und verstört zurück). Ich habe Alles durchsucht — die Bücher sind fort. Sie müssen mir gestohlen sein.

Pomuchelskopp (leise zu Axel). Dahinter steckt eine Spitzbüberei.

Axel. Gestohlen? Ei! Wie mein Geld, nicht wahr? Gestohlen aber ist hier noch niemals worden, als was in Ihren Kram gepaßt.

Hawermann (blickt ihn zornig an). Herr, ich wiederhole es (schlägt auf den Tisch) hier legt ich die Bücher hin, und nun —

Axel. Sind sie fort und meine 2000 Thaler dazu, die Leute aber wollen wissen, wo sie geblieben sind. Haben Sie die etwa auch gebucht?

Hawermann (sieht Axel erst starr an, dann stürzt er mit rollenden Augen und geballten Händen auf ihn zu, fast schreiend). Mensch, Du willst mir meinen ehrlichen Namen rauben?! Nimm die schmachvolle Anklage zurück, oder es giebt ein Unglück!

Axel (wüthend). Alter Schurke, Du wagst es, die Hand gegen Deinen Herrn zu erheben!

Pomuchelskopp (schnell und leise zu Axel). So recht! geben Sie's ihm tüchtig, Herr Nachbar! —

Axel (greift nach dem Gewehr, das zur Seite steht). Fort mit Dir, oder ich schieße Dich nieder, wie einen tollen Hund!

Hawermann (heftig). Nein, nein, ich gehe nicht! Meinen ehrlichen Namen will ich, meinen ehrlichen Namen! (Entreißt ihm das Gewehr und behält es in der Hand).

## Siebzehnte Scene.

Die Vorigen. Frida (von rechts). Bräsig (von links).

Frida (ängstlich). Um Gotteswillen! was ist hier geschehen?
Bräsig (läuft zu Hawermann). Korl, Korl, besinne Dir doch!

Pomuchelskopp (rasch zu Friba). Sie sehen es ja, der Alte will Ihren Mann ermorden.

Friba (stellt sich vor Axel hin, mit einer Geberde des Abscheues). Mörder! Erst müssen Sie mich tödten!

Axel. Ein Betrüger, ein Dieb ist er! (Zu Havermann) Fort, aus meinen Augen, oder ich lasse Sie durch meine Knechte vom Hofe peitschen.

Hawermann (läßt das Gewehr fallen und schlägt beide Hände vors Gesicht). Und auch sie — auch sie — o mein Gott! mein Gott!

Bräsig. Aber, daß Du die Nase ins Gesicht behältst! Was is denn hier eigentlich passirt?

Pomuchelskopp (hämisch). Nichts weiter, als daß der Herr Inspektor Abrechnung ablegen sollte und nun behauptet, seine Bücher seien ihm gestohlen.

Bräsig. Wenn mein Freund Korl das sagt, so is es wahr, und wers anders sagt, der is ein, (sieht ihn grimmig an) ein Pomuchelskopp!

Pomuchelskopp. Herr, was wollen Sie damit sagen?

Bräsig (nach und nach immer heftiger werdend). Damit will ich sagen, daß in das Wort Pomuchelskopp Alles steckt, was in die ganze Welt und in Mecklenburg Niederträchtiges und Scheusäliges existirt, daß ich, wenn ich einen bösen Hund kriegte, der die Leute von hinten anfällt und in die Waden beißt, wenn sie welche haben, daß ich dieses Undiert Pomuchelskopp heißen würde, daß ich mir auf keinen Stuhl hinplaciren werde, worauf ein Pomuchelskopp sein Gestell herumgerutscht hat, daß ich eine Fuchsfalle vor meine Hofthüre aufstelle, wenn ich weiß, daß ein Pomuchelskopp mir besuchen will, un daß ich mir högen würd wie ein Kind um Weihnachten, wenn ein Pomuchelskopp in die Falle stecken thäte. Ja, daß ich wünschte, daß ein Pomuchelskopp auf die äußerste Spitze von den großen Berg, den Vesuv, säße un sich was ansengen thäte. Das will ich damit sagen, mein werther Herr Pomuchelskopp, un da mögen Sie daran riechen un prusten, daß Sie die falschen Augen übergehen. (Zu Hawermann) Un nu komm, Korl! Schütte den Stoff von Deine Kleider un putze Dir die Schuh ab. Hier kommst Du doch in Dien Lewsdag nich wedder her (führt Havermann ab). (Der Vorhang fällt.)

## Fünfter Aufzug.

Wohleingerichtete Bauernstube bei Jochen Nüßler. Mittel und Seitenthüren. Fenster. Es ist Abend. Lichter auf den Tischen.

### Erste Scene.

Hawermann (steht sinnend am Fenster). Mad. Nüßler ist mit Bräsig beschäftigt, einen in der Mitte der Bühne stehenden großen Tisch zu decken. Lining und Mining tragen aus einem Schranke Geschirr herzu. Louise hilft ihnen dabei, bleibt aber zuweilen stehn und sieht bekümmert nach ihrem Vater hinüber.

Bräsig (breitet mit Frau Nüßler das Tischtuch aus). Fixing — Kinners, fixing. Madam Nüßlern, en Bischen Hott — wenn ich bitten darf — un en Bischen mehr ho — nu is es gut.

Fr. Nüßler. Ja wohl, fix, mien Herrn Swiegersähn hett all dreimal na dat Eeten fragt, besünners de Gottlieb.

Bräsig (lacht). Ja, der hats auch nöthig! Vor einer ordentlichen Geistlichkeit is er noch böllsch bohnenstalig.

Lining (scherzhaft drohend). Onkel Bräsig, laß meinen Gottlieb ungeschoren, sonst bekommst Du es mit mir zu thun.

Bräsig. Druwappel, ich mein es ja gut mit den Petisten, den neugebacknen Pastur wullt ich sagen. Wenn die Bauern Respekt vor ihm haben sollen, dann muß sich das Feld, wo die Verdaulichkeit sitzen thut, noch bedeutend verbessern.

Linig. Kommt Zeit, kommt Rath.

Bräsig. Ja, un die Gänse und Hühner un Eier von die Bauern. Alles vor die ewige Seligkeit.

Fr. Nüßler. Oller Heite!

Bräsig. Strapezieren Sie sich nich, Frau Nüßlern, an mich is Hopfen un Malz verloren, un sogar der Petiste kriegt mir nich rum. Aber weißt Du, Lining, an den hast Du ein Kunststück gemacht, daß Du ihn Moritzen gelehrt un de Deuvels-Gedanken ein Bischen ausgetrieben hast. Mitunter spricht er schon wie ein vernünftiger Mensch. Na, Mining hat das Belehren nicht nöthig gehabt. Der Rudolph ist ein staatscher Oeconom geworden

Mining Gott sei Dank!

Lining. Wenn ich nur wüßte warum Onkel Bräsig darauf bestanden hat, daß wir heute erst bei nachtschlafender Zeit zu Abend essen müssen?

Bräsig. Wärs Weihnachtsabend, so sagte ich: von wegen die Julklapp. Diesmal aber ists wegen die Polterabend-Ueberraschung. So — nu Frau Nüßlern, könnten Sie wohl mal in ein intimes Verhältniß zu den Kalbsbraten treten. Lining, Du holst den „Gott wie lustig machst Du mir" — den rothgesiegelten, weißt Du wohl, und Mining stellt die Stühle zurecht. Wie viele sind wir denn? (wendet sich gegen den Tisch, fängt an die Converts zu zählen, verrechnet sich u. s. w.)

(Lining links, Frau Nüßler rechts ab.)

Louise (zu Hawermann tretend). Vater, lieber Vater, soll Dein Trübsinn auch heute nicht weichen — heute, am Vorabend der Hochzeit jener wackern Mädchen, die Du stets so gern gehabt?

Hawermann. Auch Du könntest ein glückliches Weib sein, wenn mein Name nicht gebrandmarkt wäre.

Louise. Aber Deine Unschuld kam ja schon am andern Tage ans Licht, als Fritz die aus Versehen eingepackten Bücher von Demmin zurückgebracht.

Hawermann. Aber der Herr von Rambow hat mich des Einverständnisses mit einem Menschen beschuldigt, den er einen Dieb genannt. — Ehe dieser Flecken nicht weggetilgt ist von meiner Ehre, kann von einer Verbindung zwischen Dir und Franz keine Rede sein. Habs ihm ja auch nach Paris geschrieben.

Bräsig. Neun! — Ja in die Firigkeit —

(Lining tritt mit einem Korb voll Flaschen wieder auf.)

Louise. Und er hat Dir geantwortet, daß sein Entschluß unerschütterlich sei.

Hawermann. Versuch's mich zu lehren, daß ich Unrecht habe.

Bräsig (entkorkt Flaschen und nähert sich dabei lauschend Hawermann und Louisen).

Louise. Vater — Du willst, und ich entsage, wenn auch mit blutendem Herzen. Dein Name ist mein Name, Deine Ehre meine Ehre und Deine Liebe — meine Liebe.

Bräsig (für sich). Sollte man wissen, was ich mit Franzen gebriefwechselt habe und daß er sich schon auf die Strümpfe gemacht. (Hawermann auf die Schulter schlagend, laut) Korl, riechst Du den Braten? Ne? Aber ich rieche ihn. Drum laß die Nase nich mehr auf die Bost hangen, davon kriegt Deine Sache doch keine Veränderlichkeit nich. Wer weiß ob Dich nich noch heute etwas Gutes passirt.

Hawermann. Wüßte nicht, wos herkommen sollte.

Bräsig. Na, 's hat manch Einer das große Loos gewunnen, ohne daß er eingesetzt hat, wenn er nämlich dem Zebbel achtern Zaun gefunden. Korl, mir schwant etwas!

Mining. Alles in Ordnung

Bräsig. Schön, dann will ich zum Futtern blasen (bläßt durch die Hände). Aha — sie haben's verstanden

## Zweite Scene.

Vorige. Frau Nüßler mit einem Braten, eine Magd mit einer Schale Kartoffeln. Jochen, die Pfeife im Munde. Gottlieb. Rudolph.
(Die Magd geht wieder ab.)

Bräsig. Alle beisammen? Dann beplatzt Euch, daß der Braten mit die Schüh keine Erkältung kriegt.

Fr. Nüßler. Setten Sei sick doch, Bräsig —

Bräsig. Komm schon — In die Mitte Jochen und Madame Nüßlern, auf den Ehrenplatz, weil sie allemal Diejenigen sind, diediese beiden Mädcheus zu verdanken haben, daß sie morgen Hochzeit machen.

(Alle haben sich gesetzt, außer Jochen.)

Bräsig. Lining! — Mining! Wenn ich denke — denn ihr wißt ja, daß Eure Mutter eine von meine drei Brautens war — daß sie mir genommen hätte, dann wäre ich heute Euer Vater.

Fr. Nüßler. Aber Bräsig! Na Jochen wullt Du nich auf?

Jochen. Ja, wat soll ick dorbi dauhn?

Bräsig. Nu fragt hei noch! Deine Piep sollst Du wegstellen und Dir bei Deine Frau setzen. Sei doch nicht so deip in Gedenk= lichkeit.

(Jochen setzt sich an den Tisch.)

Fr. Nüßler. Nu langt tau, Kinners.

Gottlieb. Vorerst, verehrte Frau Schwiegermutter, erlauben Sie wohl, daß ich, wie in allen christlichen Familien Sitte ist, ein Tischgebet —

Bräsig (schnell). Ne, ne! guter Petiste. Wenn Sie mal zu beten anfangen, hören Sie so bald nicht wieder auf. Wir können das ja in Stilligkeit abmachen. (Alle stehen auf, falten die Hände und blicken vor sich nieder. Kurze Pause, dann setzen sie sich und fangen zu essen an, nur Gottlieb bleibt noch einige Augenblicke betend stehen).

Bräsig. Un nu eingeschenkt, angestoßen anf die jungen Ehe= paars un daß ihnen das noch recht oft passiren möge (steht auf). Wart ich will Euch ne Rede hollen, darum seid ein Bischen voll Schweigsamkeit.

Jochen. Mutting, schenk doch Bräsig en in.

Fr Nüßler. Hei hett ja all.

Bräsig. Also, meine Herrschaften, es freut mir unendlich —

Rudolph (lachend). Mich, Onkel Bräsig, mich.

Bräsig (mit komischem Zorn). Wenn die Freude klein is, denn heißt's mich, wenn sie aber unendlich is, denn sprech ick mir. — Also es freut mir unendlich, daß Sie mich das Vergnügen geschenkt haben —

Rudolph. Mir, Onkel Bräsig, mir.

Jochen. Hör mal, Rudolph, wenn Du nich wullt, dat Bräsig en Red hollen soll, denn war ick een hollen.

Fr. Nüßler. Jochen, swieg still, wenn Du mal anfängst kannst Du keen Enn finnen.

Jochen. Ah! dorna dat Ledder is.

**Bräsig.** Also, diese jungen Ehepaare, wovon die beiden Weibsleut Madame Nüßler ihre Döchtings sünd —

**Jochen.** Wien aul, Bräsig.

**Bräsig.** Un meine Pathings, die ich über die Taufe gehalten hab, wo sie noch nich so lang waren als Jochen sein Piep, un wovon die Mannsleut, der eine ein rechtschaffener Oekonomiker is, der mir blos mit Mir und Mich ärgern will, un der andere eine geistliche Kreatur is, der viel mit dem Deubel verkehrt, aber doch eine gutmöhige Innerlichkeit hat, und so sage ich nu un behaupte, daß in ganz Mecklenburg un Vor- un Achter-Pommern, wie in die angränzenden preißschen Ländereien kein Brautpaar zu sehen is, welches mehr verdient, daß wir auf ihre Gesundheit un Zufriedenheit un glücklich Leben un auf alle die kleinen Thatsächlichkeiten, die nich bei die ökonomischen wie bei die geistlichen Ehelichkeiten ausbleiben, wenn man blos die Geduld nicht verliert, unser Glas bis auf den letzten Troppen austrinken. Also hoch! hoch! un dreimal hoch!

### Dritte Scene.

**Vorige.** Die Magd (stürzt herein).

**Fr. Nüßler.** Na, Christiana, was giwt denn?

**Bräsig.** Wie steht de Diern ut. Wat is los?

**Christiane.** Ach Frau Nüßler, vor de Döör de gnädige Fro vom Gaud.

**Hawermann** (aufstehend). Frau von Rambow?

**Christiane.** Ja, sei kam äwer'n Hof, witt wie de Wand, un is an de Döör dalslagen.

**Havermann.** Mein Gott, was mag da geschehen sein?

(Alle stehen auf.)

(Frau Nüßler und Louise eilen zugleich ab.)

**Bräsig.** Da muß eine Besonderlichkeit passirt sein, sonst wäre sie nicht hierher gekommen. — Am Ende hat der Jesuiter, der Baron ein Unglück angerichtet.

## Vierte Scene.

Die Vorigen. Frida von Rambow von Frau Nüßler und Louise hereingeführt. Frida kann sich kaum aufrecht halten, sie ist bleich und in der furchtbarsten Aufregung.

Fr. Nüßler. Arme gnädige Fro, geschwind en Staul.
Rudolph (setzt einen Stuhl in die Mitte der Bühne nach vorne).
Frida (sinkt, geleitet von den zwei Frauen, auf den Stuhl).
Fr. Nüßler (mit ihr beschäftigt). Kamen Se wedder tau sich!
Louise (zu Hawermann). Vater, sieh doch wie sie zittert.
Hawermann. Es muß ein Unglück geschehen sein (tritt zu ihr) Frau Baronin — Sie suchen —
Frida (sieht ihn an und streckt die Hand nach ihm aus). Ein Herz, ein menschliches Herz!
Hawermann. Hier haben Sie es gefunden.
Bräsig. Aber nicht blos eins, eine Mengigkeit von rechtschaffene Herzen.
Hawermann. Und nun reden Sie. Was bringt Sie hierher, und in dieser Aufregung?
Frida. Nur Ihnen kann ich mich entdecken, Hawermann, Ihnen, den ich in einem Augenblick der Verblendung einen Mörder nannte, und zu dem ich jetzt als meinem einzigen Freunde meine Zuflucht nehme.
Hawermann. Ich bin was ich war, Frau Baronin, wie schwer ich auch einst unter jenem fürchterlichen Wort gelitten. (zu den Andern). Laßt mich mit Frau von Rambow allein, Kinder. Ihr hört, sie hat mir etwas Wichtiges, vielleicht Schmerzliches zu vertrauen.
(Alle außer Hawermann bestürzt ab.)
Jochen (holt seine Pfeife, bleibt dann noch an der Thür stehen, zuckt die Achseln und sagt mitleidig) Ja, wat soll ick dorbi dauhn? (folgt den Andern).

## Fünfte Scene.
Frida. Hawermann.

Hawermann. Wir sind allein, Frau Baronin. Was es auch sei — vertrauen Sie mir unbedingt, ich helfe, so weit ich es vermag.

Friba. Ich wußte, Sie würden so sprechen, mein Freund, und deshalb floh ich zu Ihnen, gehetzt von der Verzweiflung, die allein mich so weit treiben kann, den Gatten, den Vater meines Kindes anzuklagen.

Hawermann. Herr von Rambow wäre —

Friba. Verloren, entehrt, wenn ihm nicht schnelle Hülfe wird. Erfüllt ist, was ich ihm schon längst vorausgesagt. Mit Ihnen zog sein guter Engel fort; und auch Ihre Warnung hat sich bestätigt. Der Besitzer von Gürlitz hat wie ein Judas an meinem Gatten gehandelt, ihm große Summen geliehen, diese plötzlich gekündigt, Wechsel angekauft — in wenig Wochen werden wir arm und heimatlos in die Fremde ziehn.

Hawermann. Das verhüte Gott, gnädige Frau!

Friba. Sie wissen noch nicht Alles. Ehrliche Armuth läßt sich ertragen, aber — in peinlicher Lage hat mein Gatte 10000 Thaler von seinen armen Schwestern in Schwerin entliehen. Es ist ihr ganzes Besitzthum. Wird das Gut unter dem Preise verkauft, so geht das Geld verloren, das sie im Vertrauen auf seine Redlichkeit ihm hingegeben, und bittres Elend ist ihr Loos. Auf Rambow aber wird jener Mensch einziehn —

Hawermann. Nein, bei Gott, das soll er nicht! (nach kurzer Ueberlegung). Wie viel braucht's, das Gut zu erhalten?

Friba. 50,000 Thaler.

Hawermann. Und wo ist der Herr Baron in diesem Augenblick?

Friba. In die Nachbarschaft geritten, um bei alten Freunden Hülfe zu suchen. Ach, für das Unglück werden sie nicht zu Hause sein. Kurz vorher hatte er mir seine schreckliche Lage enthüllt und diese Papiere übergeben, worin alle Details enthalten sind (giebt sie ihm). Es sind die letzten Schritte, Friba, sagte er. Wenn sie vergeblich sind, so möge Gott Dir gnädig sein und mir. In seinem blassen Antlitz aber stand der Tod. — Ich stürzte ihm nach — umsonst, schon trug der Renner ihn davon und halb wahnsinnig vor Angst und Schmerz schlug ich den Weg ein zu diesem Hause, zu Ihnen Hawermann, der, wenn auch keine Hülfe, doch ein fühlendes Herz für unser Elend haben wird.

Hawermann. Muth, Frau Baronin, Muth, nicht Mitgefühl

allein, ich hoffe, Sie sollen auch Hülfe gefunden haben. Das Gut ist doppelt so viel werth, als man in diesen schlechten Zeiten dafür geben wird. Können wir die Schulden abtragen, so ist das Erbe Ihres Gatten in wenig Jahren gesichert. Ich selber besitze leider nicht so viel als nöthig, aber — (von einem Gedanken ergriffen) da ist ja Moses in Güstrow, ein wackerer Mann, er kommt noch heute, um von meinem Schwager Wolle zu kaufen.

Friba. Hoffen Sie nichts von ihm. Auch er hat Kapitalien auf dem Gute und sie gekündigt.

Hawermann. Man muß ihn umstimmen. Ueberlassen Sie das mir, gnädige Frau und verzeihen Sie, wenn ich Sie deßhalb einen Augenblick allein lasse; ich habe mit Jochen Nüßler und meinem Freunde Bräsig zu reden. Noch einmal, den Kopf in die Höh', Frau Baronin, — die Augen auf, dort ist Gott — und er wird es wohl machen (rasch d. d. Mitte ab).

## Sechste Scene.

### Friba (allein).

O Himmel, wie schwer hat mein Gatte, wie schwer habe ich selbst in einer schwachen Stunde gegen diesen Mann gefehlt. Seine Sicherheit, seine stille Ruhe legen sich wie ein milder Sonnenstrahl über die wild empörten Wogen meiner Brust. Und wenn er helfen könnte — welche Seligkeit, ihn Axel entgegenzuführen und mit Freudenthränen sprechen zu dürfen: Du wähntest Deinen Retter in der fremden kalten Welt — blicke her: fern gesucht — nah gefunden!

## Siebente Scene.

Friba. Hawermann. Frau Nüßler. Jochen. Bräsig. Moses (in Reisekostüm). Gottlieb. Rudolph. Louise. Lining. Mining.

Hawermann (indem er Moses hereinführt). Moses, Sie kommen gerade wie vom Himmel gesendet. Aber erst setzen Sie sich, alter Freund — Sie scheinen ermüdet.

Moses. Ja, ich bin müd — von all das Rütteln auf dem

Wagen. De Landstraßen in Mecklenburg, Gott sei's geklagt, sein doch zu erbärmlich (setzt sich in einen Lehnstuhl, den Bräsig ihm hinschiebt). Thut mer doch wohl der weiche Sitz bei meinen Jahren. Aber ich hab' noch gar nicht gesagt ordentlich guten Tag an all de Herrschaften miteinander (nicht nach allen Seiten).

Bräsig (leise zu Hawermann). Nu man frisch drauf los, denn Moses hat gesagt, er will noch vor Sonnenaufgang wieder fort.

Hawermann. Freund Moses, ich habe ein ernstes Wort mit Ihnen zu reden und hoffe, daß Sie mir freundlich entgegen kommen werden. Es handelt sich um ein Geschäft.

Moses. Geschäft mit Ihnen? Ist mir doch lieb. Sie sind ein braver Mann, un mit brave Leut macht der alte Moses gern ein Geschäft.

Hawermann. Diesmal betrifft es nicht mich, sondern — Sie kennen doch die gnädige Frau von Rambow, Moses? (deutet auf Frida).

Moses. Was soll ich nicht kennen die Frau Baronin? Hab' ich sie doch gesehen zu fahren von mein Haus, hab ich sie doch gesehen als sie hat gehalten mit'm Herrn Baron den Einzug in ihr Gut, hab' ich se doch begrüßt, un hat se doch freunblich zugenickt dem alten Juden, seh'n je — so!

Hawermann. Es freut mich, Moses, daß Sie so gut von der Frau Baronin denken, um so eher werden Sie helfen.

Moses (macht große Augen). Wie haißt helfen?

Hawermann. Sie wissen, Herr von Rambow hat Schulden, viele Schulden.

Moses. Weuß ich!

Hawermann. Sie haben ihn verklagt —

Moses (wie oben, trocken). Weuß ich!

Hawermann. Sie müssen Ihre Klage zurücknehmen, Ihr Geld steht sicher.

Moses. Was haißt sicher? In de jetzigen Zeiten ist mer nich sicher das Gut, sicher is mer der Mann, un der Herr von Rambow is nich der Mann, der mer is sicher, er is en schlechter Wirth, er is en Pferdenarr, er is en Spiel —

Bräsig (rasch auf Friba zeigend). Halt, guter Abkömmling Abrahams, da steht seine Frau.

Moses. Ja so — Sie haben Recht, — nu, ich will doch schlucken hinunter, was ich hab' wollen sagen.

Friba (bei Seite). O diese Qualen!

Hawermann. Wenn nun das Gut verpachtet würde?

Moses (zuckt die Achsel). Wer pachtet zu die Zeiten?

Hawermann. Oder es würde mit dem Herrn von Rambow ein Vertrag geschlossen, daß er einen tüchtigen Inspektor wirthschaften ließe, und sich nicht um die Verwaltung bekümmerte.

Moses. Herr Hawermann, Sie sind ein alter Mann, Sie sind doch ein kluger Mann. Haben Se schon einmal gesehen einen Herrn, der hat gesagt, ich will nicht mehr Herr sein, ich will lassen Andere Herr sein über mir.

Hawermann (zu Friba). Was glauben Sie, Frau Baronin?

Friba (mit gesenkten Augen). Ich fürchte, Herr Moses hat Recht.

Moses (zu Bräsig, der an seiner Seite steht). Ist doch 'ne kluge Frau, is doch 'ne ehrliche Frau.

Hawermann. Einerlei. Moses, wenn es uns, der gnädigen Frau oder mir, doch gelänge, Herrn von Rambow dahin zu bringen, der Selbstverwaltung seines Gutes zu entsagen, nehmen Sie dann — mir zu Liebe, Ihre Klage zurück?

Moses (nach kurzem Besinnen). Ihnen zu Liebe? Gut, ich nehme sie auf ein Jahr zurück, nu, sagen Se auf zwei Jahre.

Hawermann. Gut, Moses. Aber da sind noch andere Schulden, die bezahlt werden müssen, da ist der Herr — der Herr Pomuchelskopp mit 22,000 Thalern.

Moses (nickt). Weuß ich.

Hawermann. Und für 10,000 Wechsel.

Moses. Hab' ich gehört ebenfalls. Hat Se doch in de schlechten schmuzigen Händ' der Herr Pomüffelskopp.

Hawermann. Dann brauchen wir noch 4000 Thaler zur Bezahlung von kleinen Schulden und zur Verbesserung des Inventars, und endlich ist noch ein Posten in Schwerin von 10,000 Thalern, der vor Allen Dingen bezahlt werden muß.

Moses (fährt auf vom Stuhl). Gott der gerechte, davon weiß ich kein Wort!

Bräsig (drückt ihn wieder nieder). Keinen Aufstand, Moses — dabei kommt in Mecklenburg nichts heraus.

Hawermann. Kurz, wir brauchen im Ganzen ungefähr 50,000 Thaler, und die müssen Sie uns schaffen, Moses.

Moses (auffahrend). Au waih! Lassen Se mir! Die Geschichte is faul, sehr faul — ich bin ein alter Mann und laß mir nich ein in solch Geschäft.

Hawermann. Aber Moses, es sind ja Bürgen da, gute sichere Leute. Sie sollen das Geld ja blos zum Johannistermin anschaffen.

Moses. Gott Abrahams! Ich soll schaffen an in die Zeit 50,000 Thaler in 14 Tagen un das vor Narren, die sich lassen ein in so'n Geschäft.

Hawermann. Kümmern Sie sich darum nicht, Moses. — Schreiben Sie die Namen und die Pöste, die ich Ihnen sagen werde.

Moses. Was soll ich machen? Sie setzen mer ja das Pistol auf meinen alten Busen — (zieht seine Schreibtafel aus der Seitentasche seines Rockes und nimmt den Bleistift in die Hand).

Hawermann (deutet auf Rudolph). Hier steht Rudolph Kurz, er ist mündig und besitzt einen eigenen Hof. Sie kennen doch Herrn Rudolph Kurz, Moses?

Moses. Mein Gott, was soll ich nicht kennen den Sohn von dem reichen Kurz, der ist ein sehr langer Mann in Güstrow?

Hawermann. Schreiben Sie für ihn — (sieht Rudolph an)

Rudolph. 10,000 Thaler.

Moses (schreibt). Nu 's steht, 10,000 Thaler.

Bräsig (beugt sich zu Moses). Un mir kennen Se doch auch, Moses?

Moses. Wer kennt nich Bräsigen. Sie sind ein spaßhafter Mann, en unterhaltsamer Mann, haben mir immer besucht, als ich bin gewesen krank, sprechen mitunter en bischen meschugge, sind aber ein guter Mann.

Bräsig. So schreiben Sie mir mal an mit 12,000 Thaler.

Moses (schreibt). Gut, Herr Bräsig.

Hawermann. Und da steht mein Schwager Nüßler.

Moses. Mir genau kannt, bin ich doch gefahren hierher um zu kaufen von ihm Wolle. 'is 'n stiller Mann, en guter Mann raucht viel Toback, aber er is nich der Mann, de Frau is der Mann!

Bräsig. Hörst Du dat, Jochen?

Jochen (rauchend). Ja, wat soll ick dorbi dauhn?

Fr. Nüßler. Jochen is tofreen, wenn ick et bün. Schrieben Se 12,000 Thaler, Herr Moses.

Moses. Schön, als zufrieden sind Beide, will ich doch schreiben (schreibt).

Gottlieb. Ich gebe auch aus christlicher Barmherzigkeit 6000 Thaler her.

Moses (schreibt). 6000 Thaler.

Bräsig (reicht Gottlieb die Hand). Nu vergebe ich Sie auch, daß Sie mir 'mal haben bekehren wollen.

Hawermann. So, und jetzt noch 10,000 Thaler für mich, dann sind die 50,000 beisammen.

Moses (sieht ihn an). Gott Du gerechter, er will geben sein Geld was er hat verdient sauer, was er hat gespart für seine alte Tage, für sein einzig Kind! Und für wen denn? Für en jungen Menschen, der is gegangen mit Schießen auf seinen Leib, der ihm hat abgeschnitten die Ehr' und ihn hat behandelt wie 'n Hund.

Hawermann. Das kümmert Sie nicht, Moses, das ist meine Sache.

Frida (die der ganzen Verhandlung in qualvoller Stimmung beigewohnt, stürzt auf Hawermann zu und faßt seinen Arm). Nein, nein! nicht diese braven Leute, nicht Sie sollen in unser Unglück hineingezogen werden. Ist es unsere Schuld, so müssen, so wollen wir's tragen, was da komme — Unglück und Schande — (besinnt sich plötzlich und bricht in Thränen aus) aber die Schwestern meines Gatten, die armen Schwestern!

Moses. Gott du gerechter! nu fängt se auch an mit de Großmuth! Is das ein Geschäft! Es ist blos zu bringen en alten Mann auch ins Gewimmer (sieht umher). Lauter Christen mit lauter jüddische Herzen! (steht auf). Hören Sie mir an, Alle miteinander. Ich will

Sie was sagen. De 50,000 Thaler sein gedeckt un alle Leite sein gut; aber 's ist kein Geschäft, de Großmuth is mit Se weggelaufen, un mit mir is se auch weggelaufen. Ich schaff' an bas Geld! Aber ich bin en alter Mann, ich bin en vorsichtiger Mann. Wenn der Herr von Rambow sich nich will stellen unter den Entspekter un macht's nicht gerichtlich, dann schaff ich's nicht an, denn dann is die Sach' faul un vor de Katz.

Hawermann. Aber Moses —

Moses. Lassen Se mir ausreden. Wenn Se mich mal begroben, un wie lang kann es dauern, da is der lebendige Moses ein todter Moses, da sollen die Leit nich sagen, ich hab vor mein Tod noch gebracht lauter ehrliche Leit ins Unglück, blos um zu machen ein Geschäft. Also muß es bleiben, als ich hab gesagt. Punktum! Streusand drauf!

(Morgenröthe.)

## Achte Scene.

Vorige. Franz von Rambow (in Reisekleidern).

Franz (ist schon zu Anfang der letzten Rede von Moses unbemerkt eingetreten und hat Alles gehört, jetzt tritt er rasch vor und ruft laut). Ist Alles unnöthig Moses! Ich selber werde meinen Vetter vom Untergange retten.

(Allgemeines freudiges Erstaunen.)

Louise. Franz! mein Franz! ⎫
Hawermann. Er?! ⎬ durcheinander
Frida. Cousin — Sie — Sie hier? ⎪
Bräsig. Jukklapp! Un auf meinen Brief is er gekommen. ⎭

Alle (außer Moses und Hawermann). Willkommen! Willkommen! (Alle umringen ihn und drücken ihm freudig die Hände.)

Moses (bei Seite). Er will retten, der reiche Herr Vetter? Ist mir doch lieb, da brauch ich nicht zu machen das Geschäft, das kann doch bringen die ehrliche Leit' da ins Mallör.

Franz. Louise! (zu Hawermann). Bester Vater! (zu Frida.) Liebe Cousine! (zu den Andern) und Ihr, meine Freunde, nochmals gegrüßt in der geliebten Heimath. — Daß ich Euch heute überrasche, daran ist der wackere Herr Bräsig schuld. Ein Brief von ihm hat mich hergerufen. Unterwegs in Schwerin wurde mir noch eine glückliche Nachricht. (zu Hawermann). Bester Vater, der Dieb, der dem Tagelöhner das Geld gestohlen, ist entdeckt und bereits in den Händen des Gerichts.

Hawermann. Vater im Himmel, ich danke dir, meine Ehre ist gerettet. (zu Franz). In meine Arme!

Louise. Vater!

Bräsig (zu Frau Nüßler). Wein her, Madame Nüßler, daß wir das Brautpaar leben lassen. (Frau Nüßler geht mit Mining, Lining und Rudolph nach dem Tische, dort schenken sie die Gläser voll.)

Bräsig. Aber sieh mal an — die liebe Sünn is auch schon da. Na, die Gerührsamkeit hat mich die Schläftigkeit vertrieben und es is mich so, als ob das Tag würd', wo der Bors wohl beißen kann. Also 'raus, in die Rexow'schen Tannen.

Rudolph. Hier ist der Wein. Schwiegervater, willst Du nicht auch?

Jochen (raucht ruhig fort). Ja, wat soll ick dorbi dauhn?

(Frau Nüßler und die Obengenannten bringen den Wein auf Präsentirtellern vor.)

Bräsig (zu Moses). Sie dürfen wohl nicht mittrinken, Moses, der Wein is nich koscher.

Moses. Geben Se man her, Herr Bräsig. Wenn man auf de Gesundheit von solche Leit trinkt, ist koscher jeder Wein.

Friba. Moses, wie soll ich Ihnen danken?

Moses. Lassen Sie 's gut sein, gnädige Frau. Sie haben heute geweint, weil Sie nich sind gewohnt das Mallör. Aber Se haben auch gefunden en neuen Freund! 's is ein alter Jud, dem sind knapp geworden die Thränen. Aber der alte Jud hat fließen lassen die Thränen über Sie, und das vergißt er nich.

Gruppe.

Zwischenvorhang fällt.

## Verwandlung.

Wald. Wasser im Hintergrunde. Rechts vorn eine Rasenbank.

### Neunte Scene.

Bräsig (mit Angelgeräthschaften von rechts).

Bräsig. Süh so; Korl hat sich in des Löwen Höhle begeben, das heißt, ins Schloß zu dem Baron, der wohl sehr zahm geworden sein wird, wenn sie man erst wissen, wo er geblieben ist. Wird immer noch anklopfen bei seinen Freunden, die ihn auslachen, wenn er Geld pumpen will. Bei dem beißt Keiner mehr an, nu woll'n wir sehen, was wir hier fertig bringen. Also vorwärts, Zacharias, nimm, was du kriegen kannst. (Geht im Hintergrunde ab.)

### Zehnte Scene.

Axel. Fritz (treten links vorn auf).

Axel (geht bis zur Mitte, sieht sich um, bleibt stehen, dann für sich). Alles einsam und leer! Hier mag's zu Ende geh'n! (bleibt in Gedanken stehn).

Fritz (kommt). Herr von Rambow —

Axel. Was gibt's?

Fritz. Wollen Sie denn noch nicht nach Hause?

Axel (düster). Nein!

Fritz. Die gnädige Frau wird sich ängstigen.

Axel (für sich). Mein armes Weib — mein Kind — und keine Hoffnung!

Fritz. Sie sind erschöpft — das war ja ein Ritt —

Axel. Als ob der höllische Feind hinterdrein käme, nicht wahr? (für sich). O die Freunde — die Freunde!

Fritz (für sich). Mir wird bange, wenn ich ihn so ansehe. (Laut.) Was soll mit den Pferden geschehen, die am Rande des Waldes nicht mehr weiter konnten?

Axel. Ein Tagelöhner mag sie hereinholen.

Fritz. Und was soll ich Ihrer Frau Gemahlin sagen, wenn —

**Axel.** Daß ich noch einen Spaziergang machen will. In einer Stunde soll sie mich erwarten. In einer Stunde.

**Fritz.** Wie Sie befehlen. (Für sich.) Wenn der was Gutes im Sinne hat, will ich nicht Tribbelsitz heißen (ab rechts).

### Eilfte Scene.
### Axel, später Bräsig.

**Axel.** Es ist aus — Rettung giebt's nicht mehr, und Friba, die ich mit elenden Lügen getäuscht, der ich einen Glanz geheuchelt, hinter dem das Elend grinzt, muß mir mit ihrer Achtung auch ihre Liebe entziehn — Was also hält mich noch? Meine Schwestern ins Unglück gestürzt, mein Name beschimpft. — Nein! Bin ich zu feige, den Kampf mit dem Leben aufzunehmen, hab' ich doch Muth genug, dem Tode ruhig ins Auge zu sehn! (Nimmt einen Revolver mit zwei Läufen hervor). Zwei Kugeln! Diese Hand ist sicher, und einer nur bedarf's. (setzt sich auf die Bank).

**Bräsig** (aus dem Hintergrunde). Da achter wull be Bors nich beißen, nu will ich doch seh'n, ob nich hier (bemerkt Axel) daß Du die Nase ins Gesicht behältst — das ist ja — un mit'n Mordgewehr in die Hand? da muß ich doch ein Bischen aufpassen.

**Axel.** Wohlan! Franz wird die Meinigen nicht verlassen. So mag Gott mir gnädig sein! (hält den Revolver gegen die Stirn.)

**Bräsig** (rasch vortretend). Schönen guten Morgen, Herr von Rambow! Wollen Sie auch angeln?

**Axel** (erschrickt, läßt den Revolver sinken und legt ihn neben sich auf die Bank). Was — was soll's?

**Bräsig** (geht zur Bank). Ach so! Wollen sich ein Bischen üben ins Pistolenschießen. Bün ich auch mal sehr bewandt drin gewesen, hab 'mal Pück-Aß und Köhr-Aß immer 'rausgeschossen. Sie glauben mir wohl nich? (nimmt den Revolver). Seh'n Sie 'mal die weiße Beflecknis an die Tanne. — Ich parire vier Gröschen, denn böher parire ich mein Dag nich (schießt).

**Axel.** Was untersteh'n Sie sich?

**Bräsig.** Vorbei! (schießt). Noch 'mal vorbei! — Hätt' ich nich gedacht. Hier sind die vier Gröschen (hält sie ihm hin, dann läßt er sie zu Boden fallen). Herr Baron, Sie sollten sich schämen!

Axel (wüthend). Herr!

Bräsig. Herrrrr! —

Axel. Sie sind ein aufbringlicher Narr!

Bräsig. Un Sie der größte. Wollen in einen unsinnigen Zustand die schauderösefte That begehen, haben Alles vergessen, Frau und Kind! Hm! So'n kleinen Sprung machen, denn sind wir über Alles weg! Nich wahr? Wer is nu der Narr?

Axel. Mein Weib — mein Kind!

Bräsig. Sehen Sie, wenn die Bors gebissen hätte, denn wär' ich nich gekommen un Sie lägen da mit'n Loch in'n Kopp als abscheuliches Beispiel. Und wenn Sie vor den Gott gekommen wären, der die Bors nich beißen ließ', denn hätt' er zu Sie gesagt: — Hanns Narr! Du weißt nich, was in dieser Nacht Deine liebe gnädige Frau gethan hat und der Entspekter Hawermann und Madam Nüßler un Moses — un — na ja! Un wenn unser Herrgott Ihnen ein Licht aufgesteckt hätte, wissen Sie, was Sie gehabt hätten? die Hölle hätten Sie gehabt.

Axel. Was — was soll das heißen?

Bräsig. Daß Freunde, um die Sie's nicht verdient, Sie aus die Hände von Pomuchelsköppen reißen wollten, daß Ihr Vetter Franz angekommen ist und möglicherweise noch mehr thun wird.

Axel. Allmächtiger Gott! Reden Sie — erklären Sie —

Bräsig. Nicht mehr nöthig, denn da kommen schon die Erklärungen auf eine Menge Beine angewackelt.

## Zwölfte Scene.

Vorige. Frida. Hawermann. Franz. Louise.

Axel. Mein Weib!

Frida. Axel, ich habe Dich wieder.

Hawermann. Gottlob, kein Unglück.

Bräsig (leise zu ihm). Aber beinah —

Axel. Franz, mich willst Du retten, der Dir so weh gethan?

Franz (auf Hawermann deutend). Dem Manne hier gebührt der erste Dank.

Axel (beschämt). Herr Hawermann —

**Franz.** Und andern Freunden noch, und (auf Bräsig) nicht am wenigsten Onkel Bräsig.

**Axel** (reicht Bräsig die Hand). Nicht am wenigsten Franz! — Vielleicht am meisten! (zu Bräsig) nicht?

**Hawermann.** Nun, gnädige Frau? Ging nicht Alles gut? Habe ich's nicht richtig vorausgesagt?

**Bräsig.** Ja woll, Korl! Un wenn Du mich einmal die Augen zudrückst, dann soll es mein Trost im Sterben sein: In die Richtigkeit warst Du mich über, aber in die Fixigkeit war ich Dich doch über, als ich (Axel die Hand reichend) den Mann geschützt und seines Hauses Glück!             Gruppe.

Der Vorhang fällt.

E n d e.